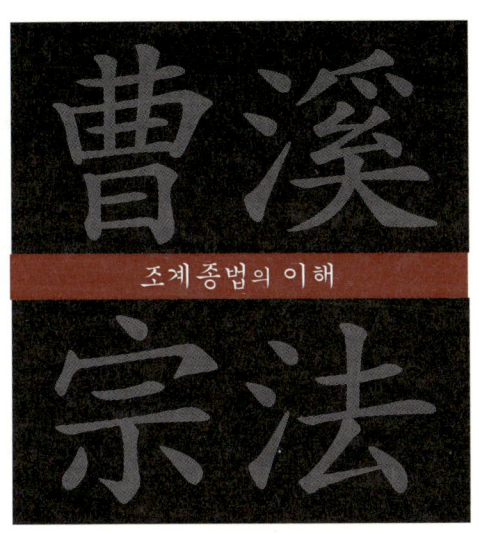

曹溪

조계종법의 이해

宗法

대한불교조계종 교육원 불학연구소 편찬

조계종법의 이해

일러두기

본서는 2011년 8월을 기준으로 집필 · 편찬되었으며,
조계종법의 제 · 개정된 항목에 대해서는
조계종 홈페이지(www.buddhism.or.kr)를 참고하시기 바랍니다.

조계종법의 바른 이해로 인천^{人天}의 안목을 밝히니

계율(戒律)은 불교 실천수행에서 가장 기본이 되는 생활요소로 이른바 계·정·혜, 삼학의 첫 번째로 강조되어 왔습니다. 특히 승가질서 확립과 사찰 및 교단 운영, 그리고 외부 사회와의 원만한 관계 유지에서 계율에 대한 인식과 교육이 얼마나 중요한가는 오랜 불교교단의 역사와 전통을 통해서도 잘 알 수 있습니다.

그동안 총림을 중심으로 운영되어 오던 율원은 주로《사분율》과《범망경》에 대한 연구를 지속해 왔습니다. 하지만 오늘날 종단과 사찰의 운영체계는 중국으로부터 전래된 선원청규를 근간으로 제정된 종헌종법에 의해 교단이 운영되고 있습니다. 그리고 현대사회는 급변하고 있으며, 계율이 제정될 당시에는 예상할 수 없었던 다양한 윤리적 문제들이 대두되면서 체계적인 커리큘럼과 전문화된 계율 교육의 필요성을 느끼게 되었습니다.

이러한 측면에서 종단은 계율 관련 전문교육기관으로서 율학승가대학원을 설립하였으며, 기존 율원의 교과과정을 확대하여 선원청규, 종헌종법, 법률에 대한 상식, 현대불교윤리 등을 학습함으로써 보다 더 체계적이고 전문적인 교과과정을 통해 이 시대에 맞는 율사를 양성하고자 애쓰고 있습니다.

그뿐만 아니라, 조계종단은 전문교육기관에 해당하는 선학, 초기불교, 한문불전 등 특성화된 다양한 승가대학원을 신설하여 수행과 교육, 전법교화에 일익을 담당할 역량 있는 스님들을 양성하여 종단의 미래를 이끌어가는 기반을 형성하고자 노력하고 있습니다.

이러한 흐름 속에서 율학승가대학원의 특징은 조계종법과 불교윤리를 학습하는 데 있습니다. 특히 조계종법과 관련한 사항은 현실적으로 조계종도들에게 직접적인 영향을 끼치는 것임에도 불구하고, 지금껏 전문적인 학습이 이루어지지 않았습니다. 조계종법을 제대로 이해하고 설명할 수 있는 인재가 극히 드물었다는 한계가 있었고, 교재 또한 마땅치 않았던 것이 사실입니다.

이러한 현실에서 종단은 조계종법과 관련된 교재가 시급하다고 판단되어 서둘러 교재편찬을 추진해 왔습니다. 다행스럽게도 법학을 전공하고, 종단개혁 당시 종헌종법을 기초하는 데 참여한 원묵 스님의 깊은 원력으로 이렇게 의미 있는 율학승가대학원의 교재를 편찬하기에 이르렀습니다.

이번에 간행되는 《조계종법의 이해》가 두루 활용되어 스님 한 사람 한 사람이 종법 전문가로서, 종단에서 제 역할을 다할 수 있는 계기로 승화되기를 진심으로 바랍니다. 또한 조계종도들이 조계종법을 바르게 이해하여 불교의 가르침을 실천하고 널리 전하는 데 이 책이 든든한 기틀이 되어줄 것이라 믿습니다.

불기2544(2011)년 10월
대한불교조계종 교육원 불학연구소

1장

조계종법이란 무엇인가

종단과 법

1

    사람이 모여 사는 사회에는 반드시 사람과 사람 사이의 질서를 부여하는 규범이 있다. 조계종단도 마찬가지여서, 종단 구성원들에게 질서를 부여하는 규범에는 법, 도덕, 계율, 관습, 조리 등이 있다. 이 가운데 가장 강력하고 포괄적인 규범이 법(法)이다.

    법(法)은 범어 다르마(dharma)를 한자로 번역한 말이다. 기원전 1세기경 정리된 인도 최고(最古)의 법전인 마누법전의 본래 이름은 '마나와 다르마 샤스뜨라(Mānava-dharmaśāstra)'이다. 이름 중에서 '다르마 샤스뜨라(法典)'는 법을 기록한 것이라는 뜻이며, 다르마는 종교적·사회적·국가적으로 지켜야 할 법칙, 규범, 옳은 것, 바른 것을 뜻한다. 다르마는 법칙, 진리, 정의, 질서, 존재, 속성, 본질, 종교의 교설, 부처님의 교법 등의 의미로 불교의 핵심을 가리키는 용어이기도 하다.

    법규범으로 쓰이는 다르마의 의미는 올바름, 정의이다. 곧 법규범은 정

---

1 사회적으로 법규범 일반을 가리키는 말은 '법률'이다. 법률은 넓은 의미로는 법규범 전체를 가리키며, 좁게는 헌법의 하위 규범이고 대통령령의 상위규범으로 국회에서 심의 의결하여 대통령이 공포하는 법규범을 말한다. 그런데 조계종단에서는 법을 일차적으로 부처님의 가르침, 진리라는 의미로 사용한다. 법규범으로서는 종헌, 종법, 종령 체계를 갖추고 있는데 '종헌종법'이라고 하여 법규범의 두 가지를 함께 붙여 부르는 예가 많아 '종법'이라는 말로 조계종단의 법체계를 지칭하는 것도 언어 사용의 관례상 적절치 않은 부분이 있다. 생각건대 조계종단의 법규범을 통칭하여 '조계종법'이라고 호칭하는 것은 의미상 종단의 법규범 전체를 가리키기에 적절하고 언어 관례상으로도 문제가 없으며 개념적으로 혼란스럽지도 않다.

의에서 생기며, 정의는 법규범에 선행하는 가치이다. 그렇다고 하여 현실 법규범이 그대로 정의인 것은 아니다. 악법(惡法)이라고 평가되는 정의롭지 않은 법도 있다. 현실 법규범이 정당한가 아닌가는 다르마의 정신에 합당한 가, 아닌가로 판별할 수 있다. 이것은 서양의 법철학에서 법의 이념으로 정의하는 것과 다르지 않다. 여기에서는 조계종단의 법 규범을 포괄적으로 지칭하는 말로서 '조계종법'이라는 용어를 사용하고자 한다.[1]

2 법에 관한 극단적 견해

① 있는 법은 없애지 말고 없는 법은 만들지 말라?

어떤 이들은 "'있는 법은 없애지 말고 없는 법은 만들지 말라'고 했는데 조계종단은 너무 많은 법을 쉽게 만든다."고 비판한다. 그러나 끊임없이 변하는 현실에서 부처님의 가르침을 실천하고 수행 환경을 보존하며 교화를 펴기 위해서는 법규범 또한 현실을 반영하여 늘 변화하지 않을 수 없다. 모든 것은 늘 변화한다는 무상법을 제일 법인(法印)으로 하고 있는 불교의 교리체계에 비추어 볼 때 '있는 법은 없애지 말고 없는 법은 만들지 말라'는 말을 문자 그대로 받아들이는 것이 적절한지 의문이다. 오히려 규범을 손질할 때 기존 규범이 지향하는 가치를 존중하고, 그 규범을 신뢰한 이익을 보호하며, 수행자에게 이익이 되고 교단이 안정과 발전을 이루는 방향으로 규범이 손질되어야 한다는 의미로 받아들여야 할 것이다.

② 종단에 법이 너무 많다?

어떤 이들은 "우리는 법 없이 살고자 하는데 너무 많은 법이 우리를 규제한다."고 말한다. 우리 교단의 역사를 보면 한때 교단이 소수의 훌륭한 아라한들로 구성되었을 때는 따로 지켜야 할 계목을 정하지 않아도 되었지만, 많은 대중이 화합 승가를 이루기 위해서는 결국 일정한 행동 기준을 정하지 않을 수 없었다. 만약 그런 기준이 없었다면, 그래서 육군비구를 비롯한 행동이 거친 이들이 무리를 지어 승단을 휘저었다면, 혹은 불교인이 계율을 통해 정리된 불교인다운 행동의 정체성이 없었다면 불교 교단은 지금까지 존속할 수 없었을 것이다.

법규범이 없거나 지나치게 간소할 경우에는 의사결정권을 가진 소수의 의도대로 많은 일들이 결정되고 진행될 가능성이 높다. 또 규범이 미비하면 개인이나 기관 간에 이해관계가 상충할 경우 분쟁을 막을 방법이 없고, 분쟁이 생기더라도 해결할 마땅한 기준도 없다. 결국 힘 있는 사람의 주장이 더 인정받게 되고, 권력이 자의적으로 집행되기 쉬워 종단이 걸핏하면 혼란과 분쟁의 소용돌이에 빠지게 되며, 종단 구성원들이 수행보다는 세속적 권세를 얻기 위해 노력하거나 종정기관에 대한 냉소주의에 빠지게 될 것이다.

나아가 법규범이 미비하면 종단 내부에서 해결하는 것이 적절한 일조차도 사회법을 통해 해결하고자 하게 되어 소송이 빈발하게 될 것이다. 그러면 삼보정재가 탕진되며 종단의 자주성이 훼손되고 국가권력에의 예속이 심화될 것이 자명하다.

그래서 부처님께서는 계율을 정하는 열 가지 의미 가운데 하나로 교단을 반석 위에 올려 오래 유지되도록 하기 위해서라고 설하셨다. 규범은 규제의 측면과 보호의 측면을 함께 가진다. 법답지 않은 행위에 대해서는 규제로 작동하고, 올바른 행위는 보호하고 증장시킨다.

③ 법이 현실을 규정한다? – 법 만능주의

한편 이와 반대로 법과 제도에 밝은 이들은 무엇이든 법으로 할 수 있다는 법 만능주의에 빠지기도 한다. 그러나 법은 여러 조직과 사람의 관계를 규율하는 여러 규범 가운데 하나일 뿐이며, 문제 해결의 주체는 법이 아니라 사람이라는 것을 살핀다면 법 만능주의는 수단과 목적이 전도된 것임을 알 수 있다.

④ 법은 사판승들만 알면 된다?

법은 이판과는 무관하며 사판승들만 알면 된다는 생각도 법에 대한 이해 부족에서 나온 오류이다. 종정이 추대되고, 총림이 구성되며, 사찰에서 선원을 개원하는 등 종단의 대소사가 모두 조계종법에 근거하여 이루어지고 있다. 법을 모른다고 하여 법 적용의 예외가 되지 않으며, 오히려 법을 모르면 종단의 원칙과 충돌하여 불이익을 받을 소지도 있다.

이처럼 법 규범을 무시하는 것도 위험하고, 법규범을 절대적으로 맹신하는 것도 올바른 태도가 아니다. 법규범은 각종 기관과 기구를 조직하고 권한을 부여하며, 권리와 의무를 규정하는 강력한 힘을 가지고 있으며, 그 힘은 종도 일반에게 미친다. 잘못 사용된 법규범은 모든 종도에게 불편과 불이익을 주고 종단을 위험에 빠뜨릴 수 있으며, 잘 사용된 법규범은 종단을 안정시키고 종도들이 본연의 수행과 교화에 전념할 수 있게 돕는다. 우리가 조계종법을 잘 이해하고 잘 활용해야 할 이유가 여기에 있다.

자연법론과 법실증주의

법으로 제정되어 시행되는 문서화된 규범을 성문법(成文法)이라 한다. 그 밖에도 관습법, 판례법, 조리 등 법의 형식을 갖추지는 않았지만 행위의 기준이 되고 심판의 준거가 되는 규범을 불문법(不文法)이라 한다. 이 성문법과 불문법을 합하여 실정법(實定法)이라고 한다.

실정법이 존재하기 이전부터 시간과 공간을 초월하여 존재하는 보편적인 법으로서 자연법(自然法)이 있다는 주장이 자연법론이다. 즉 자연법론은 인간의 본성, 사물의 본성 등 근원적인 것에 근거한 법이며, 이것이 실정법의 타당성에 대한 근거가 되며 또는 실정법을 수정 보완하는 것이라고 보는 관점이다. 자연법 사상은 특히 가톨릭 신학과 관계를 맺고 있는데, 창조주가 피조물의 본성에 새겨준 영원법[2]의 일부를 인간이 인식한 것이 자연법이라고 한다. 이와 달리 인간의 본성은 불변이지만 사물의 본성은 변하는 것이므로 시간과 공간을 초월한 자연법은 불가능하지만, 인간의 본성에 기초한 자연법은 인정하여야 한다는 근대적 자연법론이 있다.

반면 이러한 자연법의 존재를 부정하고 실정법만이 법이라고 보는 것이 법실증주의이다.

---

2 영원법은 창조주의 질서이며 창조된 피조물에 부여된 본성이다. 또 모든 법의 근원으로 창조주의 정신 안에 있는 동안에는 인식될 수 없지만, 창조주가 인간의 자연적 이성으로 자연법을 인식하고, 초자연적인 계시를 통해 성경으로 전달하여 알게 한다고 주장한다.

자연법론과 법실증주의는 특히 법의 정당성과 관련하여 문제가 되는데, 자연법을 주장하는 입장에서는 자연법에 어긋나는 실정법은 무효라고 본다. 반면 법실증주의에서는 합법적 절차를 거쳐서 만들어진 법이라면 악법일지라도 정당한 법이라고 주장하게 될 것이다.

불교는 이에 대해 어떤 입장을 가질 수 있을 것인가? 불교는 인간의 인식 너머에 있는 창조주, 영원법 등은 모두 인간이 만들어낸 개념일 뿐 실제가 아니라고 본다. 또 모든 현상적 존재는 조건에 따라 일어났다가 소멸하는 무상한 것이며, 열반의 네 가지 덕 가운데 하나인 항상함〔常〕조차도 무상함의 진리가 변함없음을 의미하므로 가톨릭에서 주장하는 불변의 자연법론을 인정할 수 없다. 그리고 그 어떤 것에도 변하지 않는 본성이 있지 않다는 무아의 진리에 의할 때 불변하는 인간의 본성을 주장하는 근대적 자연법론 또한 수긍할 수 없다.

그렇다면 불교는 부당한 법조차도 실정법일 경우에 인정하는 입장인가? 그렇지 않다. 다르마의 정신, 곧 진리와 정의에 합당한 법이 정당한 법이고 합당하지 않은 법은 부당한 법이다. 다르마의 정신인 진리는 존재의 실상인 연기법으로, 대승불교에서는 모든 존재가 자신을 존재시키는 관계를 맺고 있으므로 그 어떤 존재도 존귀하지 않은 것이 없음을 강조한다. 그 존귀한 존재가 자신의 존재성을 가장 잘 발현할 수 있도록 하는 것이 평등이며 정의이다. 불교의 평등은 획일주의가 아니며, 모두가 절대적으로 존귀하다는 의미에서의 평등이다. 만약 어떤 법이 이러한 다르마의 정신에 위배하여 존재를 억압한다면 그것은 마땅히 바로잡고 올바름을 세워야 할 일〔破邪顯正〕이다.

조계종법의 체계

조계종법에는 종헌, 종법, 종령과 규칙 등이 있다.

1) 종헌

종헌은 종단의 이념, 조직, 권한, 운영 등 종단의 법적 기본질서를 의미하는 규범으로 법 중의 법이며 규칙 중의 규칙이다. 종법과 종령은 종헌을 위배할 수 없다.

종헌은 종단이 출범하는 근거 규정이므로 이미 종헌에 따라 종단이 출범한 뒤 그 종단이 유지되는 상태에서 다시 종헌을 제정할 수는 없다. 현재 조계종단의 종헌은 불기 2506(1962)년에 제정되었으며, 그 후 약 23차에 걸쳐 개정되었다.

개정안 발의	중앙종회의원 재적 3분의 1 이상 또는 총무원장은 종헌 개정안을 발의할 수 있다.
상임위 회부	발의된 종헌 개정안에 대해 중앙종회는 종헌개정특별위원회를 구성하거나 총무분과, 법제분과 등 소관 상임위원회에 회부한다.
본회의 심의 의결	상임위원회의 심의를 거쳐 중앙종회 본회의에 회부된 종헌개정안은 3독회를 거쳐 무기명 비밀투표로 표결한다.[3] 중앙종회 재적의원 3분의 2 이상이 찬성한 경우 종헌 개정안은 가결된다.

원로회의 의결	중앙종회에서 의결된 종헌안은 원로회의 재적 과반수의 찬성으로 개정 확정된다.
공포	확정된 종헌 개정안은 중앙종회 의장이 공포한다. 중앙종회 의장이 유고인 때에는 원로회의 의장이 공포한다.

종헌을 개정하기 위해서는 총무원장이나 중앙종회 의원 재적 3분의 1 이상의 발의가 있어야 하고, 발의된 개정안에 대하여 중앙종회 의원 재적 3분의 2 이상의 찬성을 얻어야 의결된다(종헌 제130조). 이렇게 개정을 어렵게 한 이유는 잦은 종헌 개정이 종단에 가져올 혼란을 방지하기 위한 것이다. 뿐만 아니라 정치적 이익을 얻기 위해 종헌을 함부로 개정하지 못하도록 총무원장의 임기 연장 또는 중임 변경을 위한 종헌 개정은 그 종헌 개정 당시의 총무원장에 대해 개정의 효력이 미치지 않는다고 규정하고 있다(종헌 제131조).

2) 종법

종법은 종헌에서 조직한 기관 기구의 운영에 관한 사항, 종헌에서 위임한 사항 등을 정한 규범으로, 중앙종회에서 제정하고 개정한다. 종법의 제정과 개정 절차는 차이가 없다. 종법안은 발의 - 심의 - 의결 - 이송 - 공포 - 시행의 과정을 거친다. 중앙종회 의원은 5인 이상의 서명을 받아 종법안을 발의할 수 있으며, 중앙종무기관의 장도 종법안을 제출할 수 있다.

---

3 국가의 경우 헌법 개정안 투표는 역사적 책임 소재를 분명히 하기 위하여 기명 투표를 한다.

중앙종무기관에서 종법안을 발의하는 경우 종법안이 의식(儀式), 의제(衣制), 종단 기구의 개편, 심판 제도, 교육 및 고시제도, 신도, 신도회 및 신도단체, 재정과 회계, 인사제도 기타 다수 종도에게 직접적으로 관련되는 중요한 분야의 사항에 해당할 경우 사전에 입법예고를 한다. 입법예고 기간은 특별한 사정이 없는 한 20일 이상으로 하며, 필요하다고 인정되는 때에는 공개청문회를 열어 이해관계인의 의견을 들을 수도 있다. 이러한 입법예고는 화합 공동체인 승가 정신에 부합하는 것으로 종도의 입법 참여 기회를 확대하며, 조계종법의 실효성을 높여 종책 수행도 더 효율적으로 이루어질 수 있게 한다.

중앙종회의 종법안 심의는 3독회를 원칙으로 하며(중앙종회법 제64조), 재적 의원 과반수의 출석과 출석 의원 3분의 2의 찬성으로 의결한다(중앙종회법 69조). 의결된 종법안은 총무원으로 이송되어 총무원장이 공포하고, 일정한 기간을 경과함으로써 효력이 발생한다. 총무원장은 중앙종회에서 의결된 종법안을 거부할 권한을 가지고 있지 않으며, 총무원장이 이송 받은 날로부터 15일 이내에 공포하지 않거나 총무원장이 공포할 수 없는 상황일 때에는 중앙종회 의장이 공포한다(종헌 제43조). 종법은 특별한 규정이 없는 한 공포한 날로부터 20일이 경과함으로써 효력을 발생한다(종헌 제43조). 20일의 유예를 두는 이유는 종도 대중에게 제정 또는 개정된 종법의 내용을 공지함으로써 충분히 이해하고 지킬 수 있도록 하기 위함이다.

| 입법예고 | 중앙종무기관의 장은 종법의 제정 또는 개정이 다수의 종도와 직접 관련되는 사항인 경우 20일 이상 입법예고를 하며, 필요한 경우 공청회를 연다. |

| 종법안 발의 | 중앙종회의원 재적 5인 이상, 중앙종무기관의 장은 종법안을 발의할 수 있다. |

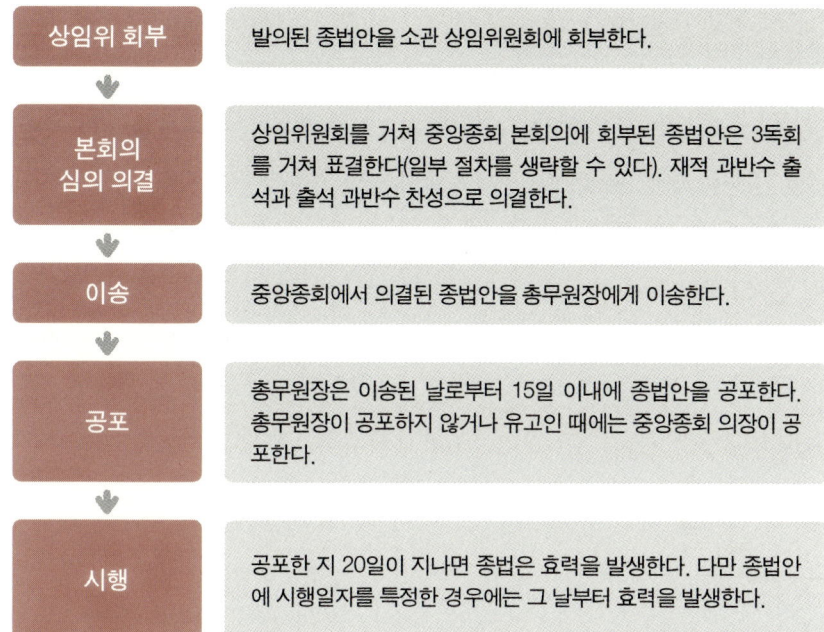

상임위 회부	발의된 종법안을 소관 상임위원회에 회부한다.
본회의 심의 의결	상임위원회를 거쳐 중앙종회 본회의에 회부된 종법안은 3독회를 거쳐 표결한다(일부 절차를 생략할 수 있다). 재적 과반수 출석과 출석 과반수 찬성으로 의결한다.
이송	중앙종회에서 의결된 종법안을 총무원장에게 이송한다.
공포	총무원장은 이송된 날로부터 15일 이내에 종법안을 공포한다. 총무원장이 공포하지 않거나 유고인 때에는 중앙종회 의장이 공포한다.
시행	공포한 지 20일이 지나면 종법은 효력을 발생한다. 다만 종법안에 시행일자를 특정한 경우에는 그 날부터 효력을 발생한다.

그런데 때때로 종법과 종법 간에 규정상 모순이 있는 경우가 있다. 이 경우 중앙종회에서 입법을 통해 문제를 해결하는 것이 근원적이지만, 당장 종법을 적용하여 행위를 해야 할 경우 어떤 종법을 기준으로 해야 하는가의 문제가 생긴다. 이 경우 적용되는 3가지 원칙이 있다. 첫째는 이전 종법보다는 새롭게 입법된 종법이 우선이다(신법 우선의 원칙). 일반적 사항을 규정한 종법과 특별한 사항을 규정한 종법 간에는 특별 규정이 우선 적용된다(특별법 우선의 원칙).

3) 종령

종령은 종법을 시행하기 위하여 필요한 사항과 종법에서 위임한 사항 등을 정하는 명령 규범으로, 중앙종회의 입법 절차를 거치지 않고 종무회의의 의결을 거쳐 총무원장이 공포한다(종헌 제54조). 명령 규범이므로 그 명칭의 끝에 '령(令)'을 붙인다. 법계법 시행령, 분담금 납부에 관한 법 시행령 등과 같다. 중앙종무기관의 장인 교육원장과 포교원장은 종령을 제정할 수 없으며 소관 업무와 관련한 종령안을 심의 의결하여 주도록 총무원 종무회의에 부의할 수 있다.

4) 규칙

각급 종무기관은 그 소관 사무에 대해 종법과 종령에 저촉되지 않는 범위 안에서 사무 처리 절차와 방법 등의 규칙을 정할 수 있다. 규칙, 규정, 지침, 고시 등이 이에 해당한다. 이 규칙은 그 기관의 운영을 위한 규정이지만 그 효력이 일반 종도에게까지 미치는 경우가 있다.

조계종단에서는 종령과 규칙을 엄격히 구분하지 않고 규칙을 종령의 예에 준하여 종무회의가 의결하고 총무원장이 공포하는 경우가 있었다. 그러나 종령과 규칙은 마땅히 구별되어야 한다.

예를 들어 선거관리위원회의 선거관리규칙을 총무원장이 종령으로 발한다고 하면[4] 어떤 문제가 발생하는가? 선거관리위원회는 종헌 상으로 총무

---

4 이것은 단지 사례로 들기 위해 가상의 경우를 설정한 것으로, 실제 사실과는 아무런 관계가 없다.

원과 독립된 기구이며, 선거 관리를 전담하는 전문기구이다. 이 선거관리위원회가 자신이 담당하는 선거 관리에 관한 업무를 어떤 원칙과 절차에 따라 처리하는지를 담아 '선거관리규칙'이라는 이름의 규정을 만드는 것은 상식적으로 타당한 일이다. 그런데 만약 선거관리규칙을 종령에 준하여 총무원장이 정한다면 이는 선거관리위원회의 조직적 독립성에 맞지 않고, 선거 전문 기관의 전문성도 배려하지 못하는 것이 될 수 있다. 또 선거관리의 책임은 선거관리위원회에 있음에도 불구하고, 책임 기관이 아닌 총무원이 그 업무 처리에 큰 영향을 미치게 되는 문제가 발생한다.

교육원, 포교원, 호계원, 법규위원회 등도 마찬가지이다. 이들 경우에도 종헌, 종법과 종령으로 정하는 소관 업무를 수행하기 위한 각종 규칙, 규정, 지침, 고시 등을 자체적으로 정하여 시행해야 하는 것이다.

조계종법 규범의 내용별 종류

법규범 일반과 마찬가지로 조계종법 규범도 그 내용상 세 가지로 구분해볼 수 있다.

첫째는 행위 규범으로, 일정한 행위를 하거나 하지 말도록 하는 규범이다. 대표적으로 승려법에 승려가 범하였을 경우 처벌을 받게 되는 행위가 규정되어 있다.[5]

둘째는 심판 규범으로, 행위 규범을 위반한 자에 대하여 심판을 하고 처벌을 하는 규범이다. 어떤 행위를 범한 경우 어떤 처벌을 받게 된다는 규정과 호계원법에서 정하고 있는 심판 절차 규정 등이 심판 규범에 해당한다.

셋째는 조직 규범으로, 종정, 원로회의, 중앙종회, 총무원, 교육원, 포교원, 호계원, 법규위원회, 선거관리위원회, 교구 등 법규범을 만들거나 적용하고 집행하는 각종 기관 기구의 조직과 그 권한을 정하는 규범이다.

---

5 한편 조계종법에는 종도 개인과 개인 간의 행위 규범은 미비하다. 이를테면 종도 간에 계약과 관련한 사항으로 분쟁이 발생할 경우 조계종법의 울타리 안에서 해결하는 것이 가능하지 않다.

조계종법과 계율

　조계종법은 행위규범과 심판규범, 조직규범의 세 가지를 모두 갖추고 있다. 이에 비해 계율은 주로 행위규범, 즉 종도가 각 수계 분상에 따라 개인이 지켜야 할 행위를 규정하고 있다. 특히 비구계의 경우 부처님 당시의 교단은 현재와 같은 전국적 규모의 통일적 행정 체계를 갖추고 다양한 역할을 수행하는 종단 조직이 아니라, 현전승가를 중심으로 하는 수행공동체여서 그 규범 또한 수행자의 삼업활동을 다스리는 행위규범이 중심이었다. 율장 건도부에 몇 가지 갈마법이 있기는 하지만, 전반적으로 심판규범과 조직규범 측면은 발달하지 않았다고 할 수 있다.

　행위와 규범의 제정 시기를 비교하면, 조계종법은 발생 가능한 다양한 상황들을 미리 예견하여 법규범을 만들고, 그 규범에 따라 조직체계를 구성하고 행위하며 심판한다. 이에 비해 계율은 죄과를 범하는 자가 생기면 그때마다 그것을 금지하는 계목이 만들어지고[수범수제 隨犯隨制], 그 계목에 따라 살다가 문제가 생기면 그것을 보완하는 항목이 추가되는 형식으로 제정되었다.

　행위에 대한 규범의 적용 시기를 비교하면 조계종법은 종법 규범이 제정 공포된 이후부터 발생한 행위에 대해 적용되며(행위시주의), 조계종법 발효 이전에 있었던 행위에 대해서는 일반적으로 소급 적용하지 않는다(불소급원칙). 율장 또한 계목이 정해지기 이전에 한 행위에 대해서는 계율 위반이 해당되지 않는다.

행위에 대한 규범의 존재 여부와 관련하여, 조계종법에 비법 또는 불법으로 규정되지 않은 행동은 심판의 대상인 죄가 되지 않는다(죄형법정주의). 계율 또한 계목상 금지하지 않은 행위는 계율을 위반하는 것이 되지 않는다.

행위와 관련하여 조계종법은 행위자가 그 행위를 할 의도가 있었던 행위, 즉 고의에 의한 행위를 심판하며, 행위자가 의도하지 않았지만 그 결과가 나타난 과실에 대해서는 예외적으로 벌한다. 계율 또한 의도에 따른 행위를 기준으로 한다. 경전에는 밤에 아무 것도 보이지 않을 때 아기를 밟아 아기가 죽은 경우 살인의 업이 성립하는가에 대하여 불교와 외도의 논쟁이 있다. 설령 사람이 죽었더라도 죽이려는 의도가 없었다면 살인의 업은 성립하지 않는다는 것이 불교의 입장이다.

적용 시기를 보자면 조계종법은 조계종 종도가 되는 순간부터 적용을 받으며, 계율은 계를 지키겠다고 약속하여 수계를 받는 때부터 그 규율을 받게 된다.

규범의 적용 대상 범위를 보면 조계종법은 지키기 어렵다고 하여 개인적으로 지키지 않아도 되는 것이 아니라, 조계종 종도인 이상 규범의 적용을 회피할 수 없는 일반적·통일적 규범이지만, 계율은 지키기 어려운 상황에 처한 경우 계를 바쳤다가[還戒] 이후 재수계하는 절차가 있다.

규범의 실제 효력을 비교하면 조계종법을 위반한 경우, 그에 따른 징계나 불이익 등의 처분을 받게 되며, 징계가 끝나면 조계종도로서의 권리 의무를 회복한다. 반면 계율을 위반한 경우에는 포살갈마나 치죄갈마를 통해 적절한 참회를 하면 청정을 회복할 수 있다. 다만 조계종법은 징계와 종권 회복 등이 실질적 효력을 갖고 있는 규범이지만, 계율의 환계와 참회갈마 등은 율장에 기록되어 있을 뿐 현실적으로는 거의 행해지지 않아 실질적 효력이 매우 약화되었다.

생각건대 수행의 기준이며 척도로서 계율은 여전히 중요하다. 그러나 변화하는 현실에 비해 계율은 제1차 결집 당시의 계율을 고치지 않겠다고 결의함에 따라 현실과 계율의 괴리 현상이 나타났다. 이 문제를 해결하기 위해 중국에서는 청규를 제정했고, 결국 각 기관마다 별도의 운영규정으로 규칙이나 청규를 정하여 시행하는 것이 일반화되었다.

종단의 각종 기관 기구를 조직하고 운영하며, 규범 위반 행위를 규제하고 심판하기에 계율만으로는 부족하다. 그래서 율장을 보완하여 만들어진 현대적 청규가 바로 조계종법이라고 할 수 있다. 조계종법에는 조계종단의 이념과 조직, 각종 기관 기구의 조직과 역할뿐만 아니라 율장에서 정한 행위규범 가운데 법령으로 다룰만한 부분을 거의 반영하고 있다.

수많은 규범들이 효력을 서로 다툴 경우 혼란이 일어나게 된다. 그래서 조계종단은 조계종법을 실질적 효력을 가진 규범으로 인정하고 있다.

7 조계종법의 해석

조계종법의 규범은 언어로 구성된 추상적 명제의 형식을 띠고 있다. 그런데 조계종법의 적용 대상이 되는 사실은 구체적인 것이므로 어떤 규정이 그 사실에 적용할 수 있는지를 음미하고 판단하여야 한다.

조계종법은 일정한 요건이 되는 사실이 있을 때 특정한 효과가 발생한다는 논리적 관계를 기록한 것이다. 즉 '어떤 자가 불조에 대하여 불경한 행위를 하였을 때'라는 사실에 대하여 '멸빈에 처할 수 있다'는 효과가 발생한다. 이처럼 조계종법의 적용은 법규범을 1차 전제로 하고, 구체적 사실을 2차 전제로 하여 그에 대한 판단을 내리게 된다. 그런데 법규범의 의미가 분명하지 않으면 사실을 인정하는 2단계나 판단하는 3단계 작업이 매우 어렵게 된다.

이를테면 '불조에 대하여 불경한 행위를 한 자는 멸빈에 처할 수 있다.'는 규정이 있다고 할 때, 어떤 행위가 법의 적용 대상이 되는가이다. 행위의 대상인 불조는 살아있는 인격체를 의미하는가, 혹은 불상이나 탱화, 영정 등인가? 불상이나 탱화, 영정은 무정물로 불편함이나 불쾌함을 느끼지 못하는데 그렇다면 불경한 행위는 성립할 수 있는가? 겨울에 목불(木佛)을 땔감으로 쓴 선사는 불조에 대하여 불경한 행위를 한 것인가? 행위를 한 자는 직접적인 행위자인가, 시킨 자도 해당하는가, 살불살조(殺佛殺祖)를 말하는 것은 불조에 대하여 불경한 행위를 하라고 시키는 것에 해당하는가?

이처럼 간단한 법 문장도 그 내용을 엄밀하게 확정하려고 할 경우 간단하지 않은 문제에 봉착하게 된다. 그런데 법 문장을 어떻게 해석하는가에 따라 승려로서의 신분을 영구히 박탈하는 멸빈의 징계를 받느냐 받지 않느냐가 좌우될 수 있으므로 법 문장 해석을 대충대충 하거나 주관적 입장을 강하게 개입시켜서는 안 되는 것이다. 곧 누가 보아도 옳다고 수긍할 정도여야 하고, 경우에 따라 이리저리 흔들리지 않는 확정성을 갖추어야 한다(일반적 확정성). 또 구체적 사안에 대하여 일반적이고 전형적인 상황을 전제하여 만들어진 법규를 적용할 때 타당성이 있도록 해석해야 한다(구체적 타당성)

이러한 법의 해석은 크게 나눌 때 유권해석과 학리해석 2가지가 있다.

1) 유권해석(有權解釋)

유권해석은 종단의 권한 있는 기관이 행한 해석으로 세 가지가 있다.

(1) 입법해석

중앙종회가 입법을 통해 법 문장 속에 어떤 용어의 정의를 내리는 것이다. 승려법 제3조에서 "이 법에서 승려라 함은 구족계를 수지한 비구, 비구니를 말한다."라고 규정하고 있는 것이 좋은 예이다.

(2) 사법해석

호계원이 내리는 해석이며, 심판(판결) 속에 나타난다. 사법해석은 호계원에 제소된 사건을 종헌·종법에 의거하여 구체적으로 행하는 법 해석이다. 특히 재심호계원의 결정은 초심호계원을 구속한다.

(3) 행정해석

각급 종무기관이 내리는 해석이다. 행정해석이란 국가기관이 행하는 유권해석 가운데 행정기관에 의한 법의 해석으로서, 법의 집행과정에서 행해지기도 하고, 상급기관의 하급기관에 대한 회답, 훈령, 통첩 따위의 형식을 통하여 행하여지기도 한다.

2) 학리해석(學理解釋)

학리해석이란 법의 문장 자체, 입법 취지, 그 법을 적용하게 되는 구체적 사실관계 등을 기초로 하여 언어학적 또는 논리학적 방법에 의해 그 용어의 의미를 밝히는 것이다. 여기에는 문리해석과 논리해석 두 가지가 있다.

(1) 문리해석(文理解釋)

법 문장, 문구의 뜻을 문자 그대로 해석하는 것으로 법령 해석의 가장 기본적인 방법이다. 그러나 잘못할 경우 기계적 해석이 될 위험이 있다.

(2) 논리해석(論理解釋)

법령을 제정한 목적, 조문과 조문간의 관계, 다른 법령과의 관계 등을 고찰하여 갖가지 논리적 방법으로 법을 해석하는 것으로 문리해석을 보충한다. 이 논리해석에는 확장해석, 축소해석, 유추해석, 반대해석, 물론해석 등의 방법이 사용된다.

2장

종헌의 이해

종헌의 개념

　종단의 질서를 구성하는 규범체계를 종헌이라 한다. 종단 내부에서 유효하게 작용하는 규범에는 종헌 외에도 계율, 청규, 도덕과 상식 등이 있다. 그러나 스님들의 율장은 승단운영을 위한 구성원[6]의 생활규범이며, 청규는 특정한 기관에서 그 기관 내부에서 사용할 목적으로 계율을 보완하여 시행하는 규범[7]이며, 도덕과 상식은 모든 종도에게 영향을 미치지만 강제력이 없어서 갈등을 제대로 해결하지 못한다.

　반면 종헌은 모든 종도에게 적용되며 권리 의무의 근거가 된다. 또한 조계종 기관 기구의 권력과 그 한도를 정할 뿐 아니라, 종헌을 위반할 때 적절한 징계를 부과함으로써 그 준수를 강제하게 된다.

6　비구 250계, 비구니 348계, 사미와 사미니는 10계, 재가신도 5계 등 출가인가 재가인가, 남성인가 여성인가, 구족계를 받았는가 받지 않았는가 등 그 수행상의 지위에 따라 계율을 차등 수지한다. 또 계율의 내용은 특정한 행위를 하지 말라는 금지 규범이고, 수행자 개개인을 대상으로 하는 경우가 많다.

7　칙수백장청규(勅修百丈淸規)에는 선원의 기도와 제사 의례, 주지(住持)의 일상 행사, 아침 저녁의 상당(上堂)법문, 소참(小參)법문, 보설(普說), 승좌(陞座), 대중 제접, 새 주지가 되는 절차, 주지직을 내려놓는 절차, 주지의 천화(遷化), 각종 사찰 운영 소임, 수계, 도구(道具), 괘탑(掛搭, 납자가 대중에 들어가는 절차), 좌선, 공양, 화장실 사용법, 목욕법, 불 쬐는 법, 안거, 법회, 법구와 조석의례 등 선원 총림의 대소사가 자세하게 규정되어 있다. 그렇더라도 백장청규는 선원 총림의 내규로서 총림 바깥의 대중을 규율하지 못한다.

종헌의 특성

종단의 질서를 구성하는 규범체계인 종헌은 몇 가지 특징을 지닌다.

① 최고의 규범이다

종헌은 종단의 기본 규범으로서 종법 체계 중에서 최고의 것이며, 가장 강력한 형식적 효력을 갖는다. 종헌 규정에 따라 구성된 중앙종회는 종헌에서 부여한 권한으로 종법을 제정하며, 종법 시행의 중심 기관인 총무원 등 중앙종무기관은 종법 시행상의 필요에 따라 종법의 위임을 받아 종령을 제정한다. 따라서 종헌은 모든 종법령 규범의 근거이며 해석 기준이 된다. 종헌에 합치되지 않는 종법이나 종령은 그 정당성의 근거가 없어서 무효가 된다. 나아가 종법과 종령은 적극적으로 종헌의 정신을 실현하는 내용으로 규정되지 않으면 안 된다.

종헌이 최고 규범이기 때문에 종헌은 종단의 법 규범 가운데 그 개정을 가장 어렵게 하고 있고(종헌 제130조), 종헌에 위반하는 종법령 규범을 심사하여 그 효력의 유무를 판단하는 제도(종헌 제80조 제1항)를 두고 있다.

종헌이 최고의 규범인 이유는 종단적 합의를 바탕으로 종도의 총의를 수렴하여 대의기관인 중앙종회에서 제정하였기 때문이다.

② 종단 기관을 조직하고 권한을 부여한다

종헌은 종정, 원로회의, 중앙종회, 총무원, 호계원 등 종단 기관을 조직하고, 그 기관에 종단의 권력을 위임하며 그 권한의 소재와 절차, 타당 범위 등을 정하여 권한 행사의 정당성을 부여한다.

③ 권력을 제한한다

종헌은 권력을 위임받은 기관의 권한을 법적으로 한정하여 그 행사 범위와 요건을 제한하며, 권력을 분립시키고 서로 억제하게 하여 권력의 악용이나 남용 가능성을 배제하고자 한다. 또 종도의 기본권을 보장하고 있다.

④ 정치 규범이다

종헌은 종단 기관의 권능과 그 제한, 종도의 권리와 의무, 재정을 통한 경제적 자원의 분배 등을 규정하고 있으며, 그 개정은 이러한 권력 관계에 영향을 미친다. 이런 점에서 종헌은 정치[8] 규범이다.

---

8 일반적으로 정치라는 말은 한정된 자원을 사회 구성원들에게 배분하는 행위를 의미한다. 이 자원은 금전이나 물품뿐만 아니라 권리까지도 포함한다. 그런데 자원의 희소성, 한계성으로 인해 국가뿐만 아니라 종단, 회사, 가정 등 어느 영역에서건 이해관계의 대립이 발생할 수 있으며, 이 대립과 분쟁을 조정하고 통제하여 통일적인 질서를 유지하는 작용을 정치라고 할 수 있다.

종헌의 구조

우리 종헌은 전문과 24장 131개의 조문으로 구성되어 있다.

종헌을 분야로 나누어보면 ① 종단의 이념 ② 중앙기관 구성 ③ 산하기관 구성 ④ 신도 ⑤ 사업 ⑥ 재정 ⑦ 상벌 ⑧ 종헌 개정 ⑨ 부칙으로 구분할 수 있다. 이 중에서 가장 많은 범위를 차지하고 있는 것이 중앙기관에 관한 사항이다.

구 분	장과 조문번호[9]	
종단의 이념	제1장	종명 및 종지 제1조(명칭), 제2조(종지), 제3조(소의경전)
	제2장	본존, 기원 및 사법 제4조(본존불), 제5조(불기), 제6조(사법), 제7조(법맥상승)
	제3장	종단 제8조(구성원), 제9조(승려), 제10조(신도), 제11조(겸직금지), 제12조(권리 의무와 분한, 법계와 의제)
	제4장	의식과 법회 제13조(의식), 제14조(법회)
	제5장	계단 제15조(전계), 제16조(계단 설치), 제17조(전계대화상), 제18조(3사7증)
중앙기관 구성	제6장	종정 제19조(지위), 제20조(자격), 제21조(추대), 제22조(임기), 제23조(권한), 제24조(종회해산권), 제25조(종정예경실)
	제7장	원로회의 제26조(구성), 제27조(의장 부의장), 제28조(권한), 제29조(사무처), 제30조(종법위임)

9 일반적으로 법 조문에서는 조문번호 뒤에 그 조항의 내용을 대표하는 표제어를 괄호에 넣어 표시하는데 종헌에는 표제어가 없다. 우리나라의 헌법에도 표제어가 없다. 이 표에서 표제어는 종헌 조문의 내용에 따라 필자가 임의로 붙인 것이다.

종헌 전문을 통해 보는 종헌 정신

1) 통불교 정신

통불교는 초기불교와 대승불교, 선불교와 교학불교가 서로를 적대시하는 입장을 버리고 화쟁 회통하는 것이다. 화쟁 회통한다고 하여 각자의 장점을 없앤 한 덩어리가 됨을 의미하는 것은 아니며 오히려 초기불교와 대승불교, 선불교와 교학불교가 조계종이라는 집안에서 각각의 특색을 살리는 것이다.

종헌 전문에 보면,

> …… 9산 선문이 차례차례 산문을 열고 교종의 다섯 종파가 함께 활동하여 참선 가풍과 교학 연찬이 이 나라에 흘러 넘쳤다. 그런데 고려 왕조 후기에 이르러 국운이 쇠약해지면서 국교인 불교의 교세 또한 부진해지자[10] 태고보우국사께서 여러 종파를 하나로 아울러 단일한 조계종을 [만들자고] 천명하시니 이 [통불교]는 우리나라 불교의 특색인지라, 세계만방에 자랑할 만한 사실이다. ……[11]

---

10 고려 후기 무신이 집권하자 문신 귀족과 연결된 교종 사찰 소속 승려들이 여러 차례 난을 일으키고 집권자를 암살하고자 하였다. 이런 일련의 사건으로 수많은 승려가 참살당하고 교종의 교세가 급격히 약화되었다.

11 九山門이 列開하고 五教派가 並立하여 禪風教學이 槿域에 彌漫하였더니 麗朝의 衰微와 함께 教勢가 不振하려 할 새 太古國師께서 諸宗을 包轄하사 曹溪의 單一宗을 公稱하시니 이는 我國佛教의 特色인지라 世界萬邦에 자랑할 만한 事實이어니와…… (종헌 전문)

라고 하여 선불교와 교학불교가 함께 융성하였던 시대의 의미를 적극적으로 인정하고 있으며, 태고보우국사의 조계종 천명이 선종의 독자성을 드러내기 위함이 아니라 교세의 부진 속에 선과 교를 함께 발전시키기 위한 것으로 의미를 부여하고 있다.

또 종헌 제2조에서는,

> 本宗은 釋迦世尊의 自覺覺他 覺行圓滿한 根本敎理를 奉體하며 直指人心 見性成佛 傳法度生함을 宗旨로 한다. (종헌 제2조)

고 하여 초기불교, 대승불교와 선불교가 서로를 배제하는 것이 아니라 불교 교리의 바탕 위에 선불교의 정신을 선양하고자 한다. 흔히 선종의 불립문자(不立文字)가 교학을 낮은 단계나 낮은 근기의 것으로 폄하하고 배제하는 것으로 오해되는데 비해 지금의 종헌은 근본 교리를 받들고(잘 이해하고) 그 바탕 위에서 선 수행을 하도록 종지를 제시하고 있다.

소의경전과 관련하여

> 本宗의 所以經典은 金剛經과 傳燈法語로 한다. 其他 經典의 硏究와 念佛 持呪 等은 制限치 아니한다. (종헌 제3조)

고 규정하여 선불교의 전통을 중심에 놓되 교학 연찬과 정토 수행, 밀교 수행까지 포괄하는 통불교 전통을 드러낸다.

이러한 통불교의 전통에 따라 총림은 선원, 승가대학, 율원, 염불원 등 종합 수행도량으로서의 면모를 갖추도록 하였고(종헌 제103조), 승가대학과 기본선원을 종단의 기본교육과정으로 병립시키고 있으며(종헌 제108조) 전문교육기관으로도 학림, 율원, 승가대학원과 선학연수원을 병립시키고 있다(종헌 제64조).

2) 대승불교 정신

종헌에 나타난 불교 정신은 무엇보다 대승불교 정신이다.
종헌 전문에 보면,

> ······ 조계종단은 조선시대 500년의 불교 탄압에도 꺾이지 않고 실낱같이 [불조의] 혜명을 이어오면서 정혜쌍수(定慧雙修)와 이사무애(理事無碍)를 드높이며 대승불교의 부처를 이루고 중생을 제도하는 [보살행을] 실천하여 온 것이다······[12]

라고 하여 조계종단이 대승불교에 입각하여 존속하고 활동하여 왔음을 밝히고 있다.

종헌에서는 승려와 신도는 보살계를 수지하도록 하며(종헌 제9조 제10조) 교화 사업을 전담하는 중앙종무기관으로 포교원을 두며(종헌 제66조) 사회 문화를 창달하기 위하여 교육, 언론, 출판, 방송, 영상 등의 사업을 수행하며(종헌 제114조) 현대 사회에서 약자의 지위에 있는 아동, 노인, 여성 등을 위한 사회 봉사와 복지 활동, 인권 옹호, 환경, 통일, 인간소외 극복을 위한

---

12 我宗은 朝鮮朝 5百年의 排佛毁釋의 政治的 法難에도 不撓不屈하고 懸絲의 慧命을 嗣續하면서 定慧雙修와 理事無碍를 提高하며 大乘佛敎의 成佛度生을 實踐하여 온 것이다······ (종헌 전문)

활동 등 사회를 구제하기 위한 폭넓은 활동을 종단의 사업으로 설정하고 있
다(종헌 제115조).

3) 선불교 정신

종헌은 조계종단의 모태가 선종에 있음을 나타낸다.
종헌 전문을 보면,

> …… 우리 종조 도의국사께서 중국 선종(曹溪)의 정통 법인을 이어받아
> 가지산문에 선종의 깃발을 드날리심으로부터 9산 선문이 차례차례 산문
> 을 열고[13] 교종의 다섯 종파가 함께 활동하여 참선 가풍과 교학 연찬이
> 이 나라에 흘러 넘쳤다. 그런데 고려 왕조 후기에 이르러 국운이 쇠약해
> 지면서 국교인 불교의 교세 또한 부진해지자 태고보우국사께서 여러 종
> 파를 하나로 아울러 단일한 조계종을 [만들자고] 천명하시니……[14]

라고 하여 조계종단이 선종을 계승함을 밝히고 있다. 조계종단의 종지로 제

---

13 역사적으로 구산선문 가운데 최초로 산문을 연 곳은 실상산문 실상사이지만 중국에서 선종
의 법을 인가받고 최초로 귀국하여 교화를 펼친 분은 도의국사이므로 도의국사를 종조로 한
다. 비록 가지산문이 개산은 구산선문 가운데 비교적 늦었지만 도의국사의 교화를 통해 가
지산문이 형성되므로 도의국사가 교화를 시작한 시점을 최초로 잡아 이후 구산문이 차례차
례 산문을 열었다고 종헌에서 표현한 것이다.

14 我 宗祖 道義國師께서 曹溪의 正統法印을 嗣承하사 迦智靈域에서 宗幢을 揭揚하심으로부터
九山門이 列開하고 五敎派가 立立하여 禪風敎學이 槿域에 彌漫하였더니 麗朝의 衰微와 함
께 敎勢가 不振하려 할 새 太古國師께서 諸宗을 包轄하사 曹溪의 單一宗을 公稱하시니……
(종헌 전문)

시된 직지인심(直指人心) 견성성불(見性成佛) 전법도생(傳法度生)도 선종의 지침이며(종헌 제2조) 조계종단의 소의경전은 중국 선종의 소의경전인 《금강경》과 〔전등법어〕로 한다(종헌 제3조). 조계종단의 종조는 중국 선종의 법을 인가받은 도의국사이며, 중흥조는 고려 말의 태고보우국사이다(종헌 제6조). 또 조계종단의 법맥 상승은 스승과 제자간에 방에서 마주보면서 법을 전하거나 전법게를 주는 방식으로 한다고 하여(종헌 제7조) 스승이 제자에게 법을 인가하고 부촉하는 것을 종헌으로 인정하고 있다. 또 조계종단의 종지를 구현하는 참선수행도량으로 선원을 둔다(종헌 제107조)고 하여 종지를 구현하는 수행으로 선원에서의 참선을 제시하고 있다.

4) 파사현정의 정신

파사현정(破邪顯正)이란 삿됨을 깨뜨리고 올바름을 나타내는 것이다.

> ······ 8·15 해방 후 교단의 청정함을 회복하고 승풍을 일으키려는 종도들의 원력에 의하여 불기 2498(1954)년 정화운동이 일어나 자정과 쇄신으로 마침내 종단의 화합이 이룩되어 불기 2506(1962)년 종헌을 제정하고 통합종단이 출범하게 되었다······ 그후 교단에 닥친 몇 차례의 법난을 극복하고 종단 개혁에 대한 종도들의 여망에 부응하여 불기 2538(1994)년 4월에 개혁회의가 출범하게 되었다. 개혁회의는 종단 개혁에 필요한 각종 조치를 취하고······

기성 교단이 정의로움을 잃었을 때 이를 바로잡고자 하는 종도들의 여망은 전국승려대회로 표출되었다. 전국승려대회는 종헌상 명시된 규정이 없지만 역사적으로 인정되어 온 직접민주주의의 형태이며, 집단적 저항권 행사라고 할 수 있다. 조계종단이 해방 이후 왜색 불교를 청산하고 정치적 혼란기를 수습하여 지금과 같은 안정을 신속하게 이루어낸 바탕에는 승려대회를 통해 종도들이 정치적으로 깨어있는 눈으로 종단을 감시한 것이 크게 자리 잡고 있다고 본다.

다만 이 저항권 행사는 의도와 절차가 법다워야 한다. 조계종법을 부정하고 종권을 장악하기 위한 목적으로 이루어지는 승려대회, 소수가 자신들의 이익이나 견해를 관철하기 위하여 표방하는 승려대회, 폭력 등 합법적이지 않은 방식으로 진행되는 승려대회 등은 정당성이 없어서 집단적 저항권 행사로 인정할 수 없게 된다.

종헌을 통해 보는 종단의 총체적 이해

1) 종지

> 第2條 本宗은 釋迦世尊의 自覺覺他 覺行圓滿한 根本教理를 奉體하며 直指
> 人心 見性成佛 傳法度生함을 宗旨로 한다.

　종지(宗旨)는 종단이 지향하는 방향으로서 모든 종도가 함께 가야 할 길을 제시하는 것이다. 즉 조계종의 종도라면 종지에 맞게 살아야 하고, 종지에 맞게 살아야만 조계종도라고 할 수 있다는 의미이기도 하다.

　종지는 두 문장이 연결되었는데, 하나는 석가모니 부처님의 자각각타(自覺覺他) 각행원만(覺行圓滿)한 근본교리를 받드는 것이고, 다른 하나는 선종의 종지인 직지인심(直指人心) 견성성불(見性成佛) 전법도생(傳法度生)이다.

　근본교리를 수식하는 자각각타 각행원만은 무슨 의미인가? 자각각타 각행원만은 깨달은 분의 경계를 말하는 것이 아니다. 왜냐하면 종지는 종도의 실천 지침으로 종단이 제시하는 길이기 때문이다. 이것은 보살의 상구보리〔自覺〕하화중생〔覺他〕이며, 보살행은 완전한 깨달음을 이룬 뒤에 중생 교화를 행하는 것이 아니라 바른 길에 대한 확신〔覺〕과 확신에 따른 실천〔行〕이 함께 하면서 인식과 실천, 보살과 중생을 함께 더 향상으로 이끌기 때문에 각행원만이다. 곧 근본 교리는 대승불교의 가르침을 의미한다.

　이어지는 두 번째 단락은 방편을 쓰지 않고 곧바로 마음에 계합함〔直指

人心〕, 참 성품을 보아 부처를 이룸〔見性成佛〕, 법을 전하여 중생을 제도함〔傳法度生〕이다. 이것은 전통적으로 선종이 표방해온 종지이다. 세 구절은 차제의 의미로 마음에 계합하여 참성품을 보아 성불하고, 전법을 한다는 것이다.

다만 대승 보살도에 입각한다는 앞 문장과 선종 수행 지침을 담은 뒷 문장이 논리상 일관되지 않는다는 점이 보인다. 보살은 3아승기겁의 무량한 시간 동안 대비 원력으로 중생을 구제하고자 하는데, 선종 수행은 금생에 성불해서 마치자는 의미를 담고 있다. 또 종헌 전문에서 통불교 전통이 조계종단의 자랑이라고 하고, 종단이 사부대중으로 구성된다고 하면서도 종지에서는 통불교 전통이나 재가불자가 받들 지침이 제시되지 않는 것은 입법상 재고할 여지가 있다고 본다.

2) 소의경전

第3條 本宗의 所以經典은 金剛經과 傳燈法語로 한다. 其他 經典의 研究와 念佛 持呪 等은 制限치 아니한다.

조계종단에서 수행의 근거가 되고 지침이 되는 경전은 《금강경》과 선종 조사스님들이 법을 전하고 드러낸 기록〔전등법어〕이다. 이 또한 선종으로서 조계종단의 정체성을 강하게 나타내는 조항이다.

달마조사께서 혜가조사께 전한 경전은 《능가경》이었고, 그래서 초기 선종의 선사들을 능가사(楞伽師)라고 불렀다. 그러나 오조 홍인조사로부터 육조 혜능조사께서 《금강경》을 받았고, 혜능조사께서 《금강경》을 통해 불교의 심오한 이치를 깨달았기에 육조 혜능조사 이후로 《금강경》이 소의경전이 되었다.

제3조 단서에서는 다른 경전의 연구와 염불 수행, 다라니 수행 등을 제한하지 않는다고 함으로써 통불교 전통을 배려하고 있다.

3) 본존불

第4條 本宗은 釋迦牟尼佛을 本尊佛로 한다. 다만, 종전부터 釋迦牟尼佛 以外의 佛像을 本尊으로 모신 寺刹에 있어서는 그 慣例에 從한다.

조계종단은 석가모니불을 본존불로 한다. 그러므로 조계종단 소속 사찰에는 일반적으로 대웅전이 있다. 예외적으로 과거부터 비로자나불, 아미타불, 미륵불, 관세음보살, 문수보살 등을 본존으로 모셔온 경우에는 그 관례를 존중하여 인정하고 있다.

4) 종조와 중흥조

第6條 本宗은 新羅 헌덕왕 5年에 曹溪 慧能祖師의 曾法孫 西堂 智藏禪師에게서 心印을 받은 道義國師를 宗祖로 하고 高麗의 太古普愚國師를 重興祖로 하여 以下 淸虛와 浮休 兩 法脈을 繼繼承承한다.

조계종단의 종조는 도의국사(道義國師)이다. 조사의 생몰 연대는 자세히 알 수 없으며,《조당집(祖堂集)》권17에 간략한 전기가 전한다. 선사의 휘는 도의(道儀)요, 속성은 왕씨(王氏)이며, 북한군(北漢郡) 사람이었다. 선덕왕 때(784)에 입당(入唐)하여 강서 홍주 개원사로 가서 서당 지장선사(西堂

智藏禪師)를 스승으로 모시고, 의심을 풀고 막힌 체증을 푸니, 서당 대사는 마치 돌 틈에서 옥을 고른 듯하고 조개 껍질에서 진주를 주워낸 듯이 기뻐하면서 이렇게 말했다. "진실로 법을 전한다면 이런 사람이 아니고 누구에게 전하랴." 그리고는 이름을 도의(道儀)로 고쳐주었다. 이어 두타(頭陀)의 길을 떠나 백장산 회해(懷海) 화상께로 가서, 서당 화상께 한 것과 같이 하니 백장이 이렇게 말했다. "강서(江西)의 선맥이 모두 동국(東國)으로 돌아가는구나!"(동국역경원, 한글대장경《조당집》권2. 238쪽. 1991)

도의조사는 선종 6조 조계 혜능조사로부터 남악회양 - 마조도일 - 서당지장, 백장회해로 전승되는 홍주종(洪州宗)의 선맥을 계승한 것이다. 37년 만인 헌덕왕 13년(821)에 귀국하여 처음으로 남종의 돈오선법을 설하였다. 그러나 신라에서는 선을 헛소리〔虛誕〕 또는 마구니의 말〔魔語〕이라고 배척하였으므로 북산인 설악산에 은둔하여 법을 염거(廉居)선사에게 전하였다. 이어 염거선사의 제자인 체징(體澄)선사가 헌안왕 3년(859)에 가지산 보림사에 주석하면서 가지산파를 형성하였다.

종단의 중흥조는 태고 보우국사이다. 태고 보우국사는 1301년 고려말의 권문세가인 홍주홍씨 가문에서 아버지 홍정(洪延)과 어머니 정(鄭)씨 사이에서 태어났다. 13세에 회암사(檜巖寺) 광지(廣智)에게 출가하였고, 가지산(迦智山)에서 수행하였다. 19세부터 '만법귀일(萬法歸一)'의 화두(話頭)를 혼자서 참구하였고, 26세인 1325년(충숙왕 12)에 화엄선(華嚴選)에 합격하였다. 31세인 1330년(충숙왕 17) 봄에 용문산 상원암(上院庵)에서 12가지 대원(大願)을 세우고 관음기도(觀音祈禱)를 하였으며, 34세인 1333년(충숙왕 복위 2) 가을에 성서 감로암(甘露庵)에서 7일 동안 죽을 각오로 정진하다가 홀연히 깨친 바가 있었다.

38세인 1337년 가을에 불각사(佛脚寺)에서《원각경(圓覺經)》을 읽다가

"모두 다 사라지면 그것을 부동(不動)이라 한다."는 구절에 이르러 모든 지해(知解)를 타파하였다. 그 뒤 송도의 귀족 채홍철(蔡洪哲)의 장원 안에 설치된 전단원(栴檀園)에서 동안거에 들어 조주(趙州)의 무자화두(無字話頭)를 참구하였으며, 1338년 1월 7일에 홀연히 크게 깨닫고 오도송을 지었다. 그 뒤 고향 양근(楊根)으로 돌아와 초당에서 어버이를 봉양하며 1,700공안(公案)을 점검하다가 암두밀계처(巖頭密啓處)에 이르러 다시 깨달음을 얻었다.

1346년(충목왕 2) 봄에 원나라로 건너가 1347년 호주(湖州) 하무산 천호암(天湖庵)에서 석옥청공(石屋淸珙)을 만나 인가를 받았다. 1348년 봄에 귀국한 그는 석옥청공으로부터 인가받은 임제종의 전법을 강조하였고, 간화선의 선풍을 적극적으로 내세우면서 특히 조주의 무자(無字) 화두를 사용하였다.

56세인 1356년(공민왕 5) 왕사가 되었으며, 며칠 후 칙명으로 개경의 광명사에 원융부를 설치하고 관료를 두었는데 종래 국가가 담당했던 승직의 임명 등 승정을 보우 국사가 직접 관장하였다. 이로써 고려시대 교단의 전통인 5교양종의 체제가 붕괴되고, 인사권이 있는 보우 국사에게 주로 승도들이 모여들었다. 다만 조선시대 초에 11개 종단이 있었다는 기록[15]이 남아 있다.

---

15 조선 태종 때 전국에 남겨둘 공인 사찰로 242개 사찰을 정했는데, 조계종과 총지종을 합하여 70개 사찰, 천태소자종과 천태법사종 43개 사찰, 화엄종과 도문종 43개 사찰, 자은종 36개 사찰, 중도종과 신인종 30개 사찰, 남산종 10개 사찰, 시흥종 10개 사찰로 하였다.

5) 사부대중

> **第8條** 本宗은 僧侶(比丘·比丘尼)와 信徒(優婆塞·優婆夷)로서 構成한다.

　　조계종단은 출가 2부중과 재가 2부중을 합한 사부대중으로 구성한다. 출가 2부중은 비구와 비구니, 재가 2부중은 우바새와 우바이다. 행자, 사미, 사미니, 식차마나니는 예비 과정에 있어서 종단의 정식 구성원으로 명시되어 있지 않다. 사미계 이상을 받은 이는 출가대중에 준하며(승려법 제4조), 행자는 비록 사찰에서 출가자와 다름없이 일과생활을 하지만, 출가와 재가는 출가자의 계를 받았는가 받지 않았는가로 구분한다. 따라서 행자는 재가대중에 준한다.

　　종단의 구성원이 된다는 것은 권리와 의무의 주체가 된다는 뜻이다.

6) 승려

> **第9條** ① 僧侶는 具足戒와 菩薩戒를 受持하고 修道 또는 敎化에 全力하는 出家 獨身者라야 한다.

　　출가 승려의 요건은 ① 수계 요건으로 구족계와 보살계를 수지할 것 ② 수행이나 포교에 힘쓸 것 ③ 독신일 것이다.

　　수계 요건 가운데 보살계는 재가불자도 수지하는 계율이며, 구족계(비구, 비구니계)가 출가 승려의 신분을 형성하는 계율이 된다. 이와 관련하여

---

16 이 규정에 의하면 4급 승가고시를 합격하고 이후 열리는 단일계단 구족계 수계산림에서 구족계를 수지할 때까지는 비구(니)가 아니면서도 비구(니) 법계를 보유하는 흠이 있다.

종단에서는 승가고시를 통한 법계를 부여하는데 4급 승가고시에 합격하면 견덕(계덕) 법계를 품수하며, 구족계를 수지할 자격을 얻는다(승가고시법 제11조, 법계법 제9조).[16] 구족계를 수지하면 정식 승려가 된다.

수계교육	출가를 목적으로 절에 들어오면 행자가 된다. [행자가 될 수 없는 사람] 　연령이 15세 미만이거나 50세를 초과한 자 　학력이 고졸 미만인 자(단, 본사주지의 추천이 있는 경우는 예외로 함) 　실질상 세속관계를 끊지 못한 자 　금치산자 · 한정치산자 · 파산자. 　형사상 피의자 · 구금 이상의 형을 받고 집행유예중인 자 　전과자(종류는 종단에서 정함) 　백치 · 중성 · 불구자. 　난치병 · 법정 전염병이 있는 자. 　문신 · 색맹 · 자해 · 장애로 신체조건이 승려로서 부적당한 자 　간질 · 정신질환자 　가부좌를 하지 못하는 자 　마약 등 항정신성 약품 상습 복용자 행자는 출가 사찰과 교구 행자교육, 교육원에서 시행하는 행자교육원에 입교하여 경학과 율학, 예경 의식과 작법, 위의 기타 수행자에게 필요하다고 인정되는 교육을 이수한다. 행자는 사미(니)계를 수지하기 전에 사승(은사)과 재적본사를 정하여야 한다.
	5급 승가고시에 합격하면 사미(니)계 수지 자격과 승적 입적 자격을 얻는다.
사미(니)계 수계	5급 승가고시를 합격한 자는 종단에서 여는 단일계단에서 사미(니)계를 수지한다. 사미(니)계 수지 단계는 승려가 되기 위한 수학 과정으로 예비승 단계이다. 이 때는 사미 의제(衣制)를 하며, 가사가 아닌 만의(잘라붙이지 않은 천으로 된 옷)를 입는다. 종단에서는 사미(니)계를 수지하고 승적에 입적한 자에게 사미(니)증을 교부한다.

승가 기본교육	승가대학, 기본선원, 중앙승가대학교, 동국대학교 불교학부 등에서 4년간 승가 기본교육을 이수한다.
견덕/계덕 (4급 승가고시)	4급 승가고시에 합격하면 구족계 수지 자격과 견덕(비구니 계덕) 법계를 받는다.
구족계 수계	사미니는 구족계를 수지하기에 앞서 식차마나니계를 받는다. 식차 마나니계와 구족계는 모두 종단 단일계단에서 수계한다.
수행	선원에서 안거하거나 승가대학원 등 전문교육기관 과정을 이수하거나 종단에서 인정하는 소임을 맡아 정진한다. 3급 승가고시에 응시하기 위한 수행 자격은 다음의 (1), (2), (3)과 같으며, 여기에 매년 평균 30점 이상의 연수교육 이수 점수를 얻어야 한다. 한편 (1), (2), (3)의 수행 이력 기간은 합산 가능하다. (1) 선원에서 4안거를 성만하거나 종단이 인정하는 소임을 2년 이상 수행하고, 다음 ①~⑤ 가운데 하나를 갖추는 경우 ① 전문교육기관 및 특수교육기관 전문과정 2년을 졸업한 경우 ② 전문선원에서 4안거 이상 성만한 경우 (위의 4안거 외에 추가 안거) ③ 석사 학위를 취득한 경우 ④ 교육원 인정 특수 교육기관에서 2년 이상 특수교육을 이수한 경우 ⑤ 교육원 인정 교육기관에서 운영하는 교육과정을 이수한 경우 (2) 아래 ①~④ 가운데 하나에 해당하는 경우에는 안거나 소임 없이도 3급 승가고시 응시 자격을 부여한다. ① 종립 승가대학원을 졸업한 경우 ② 특수교육기관을 졸업하고 계속해서 공식 기관이나 기능 보유자에게 연구나 기능연마를 3년 이상 계속한 경우 ③ 전문교육기관 및 특수교육기관에서 전문과정 2년과 연구과정 3년을 졸업한 경우 ④ 박사학위 과정을 이수한 경우 (3) 총무원장, 교육원장, 포교원장, 교구본사 및 말사 주지가 임명하거나 추천한 아래의 소임에 4년 이상 종사한 자. 다만 하나의 소임에 1년 이상 계속하여 재직하여야 하며, 동일한 기간의 겸직은 한 소임만 인정한다. ① 군승 등 총무원장이 임명하거나 추천한 상근 임명직

수행	② 종단, 교구본사, 말사, 종립학교에서 설립한 법인격 단체의 상근 임명직(교법사 포함) ③ 포교원장이 인정한 포교단체, 신도단체의 상근 임명직 ④ 지방 종무기관(교구본사와 말사)에서 임명한 상근직 – 교육교역자, 총무, 기획, 재무, 포교, 교무, 사회, 호법, 회계, 원주, 노전(부전, 기도법사), 사보편집장, 상임포교사(상근직 지도법사), 종무(과장) 소임 등

중덕/정덕 (3급 승가고시)	3급 승가고시에 합격하면 중덕(비구니 정덕) 법계를 받으며, 사승(은사)이 될 수 있다(승려법 제9조).

수행	2급 승가고시를 응시하기 위해서는 승납 20년 이상, 중덕(비구니 정덕) 법계 수지 후 10년 이상 경과하고, 그 기간 안에 교육원이 정한 소정의 교육을 이수하고 아래의 자격을 갖추어야 한다. ① 총무원장, 교육원장, 포교원장, 교구본사 및 말사 주지가 임명하거나 추천한 직에 4년 이상 종사한 자. ② 선원 8안거 이상인 자. ③ 교육, 포교, 복지 분야에 상근직으로 4년 이상 종사한 자. ④ 전문 · 특수 교육기관 연구과정 졸업 이상인 자. ⑤ 박사 학위 과정 이수자.

대덕/혜덕 (2급 승가고시 또는 특별전형)	2급 승가고시에 합격하면 대덕(비구니 혜덕) 법계를 받는다.

종덕/현덕 (1급 승가고시 또는 특별전형)	승랍 25년 이상, 대덕 법계(비구니 혜덕)를 수지하고 고시위원회에서 정하는 소정의 요건을 갖춘 경우 1급 승가고시에 응시할 수 있으며, 1급 승가고시에 합격한 때에는 종덕(비구니 현덕) 법계를 받는다.

특별전형	승랍 30년 이상이 기준이다. 다만 포상법계 등 일부 특별전형은 자격요건의 구속을 받지 않는다. 특별전형 결과 종사(비구니 명덕) 법계를 받는다.

특별전형	승랍 40년 이상이 기준이지만, 포상법계 등 일부 특별전형은 승랍이나 현재의 법계 등 자격요건의 구속을 받지 않는다. 특별전형 결과 대종사(비구니 명사) 법계를 받는다.

수행이나 포교 요건은 확인하기가 용이하지 않다. 다만 결계와 포살, 각종 종무직을 수행하기 위한 자격 요건 규정 등으로 간접적으로 수행이나 포교에 힘쓰도록 하고 있다. 독신 요건은 법률혼이나 사실혼 관계에 있지 않아야 한다는 것이다. 만약 법률혼이나 사실혼인 사실이 확인된 경우에는 징계에 의하지 않고도 환속제적으로 승적을 삭제 하게 된다(승려법 제54조의 3). 결혼이 확인되어 환속 제적된 경우 승적은 복적되지 않는다.

이와 달리 일신상의 사유로 구족계를 지키기 어려운 경우 은사와 재적 본사에 환계를 신고하였다가 다시 승려로 지내고자 재수계를 신청하면 계단위원회의 심의를 거쳐 다시 수계를 할 수 있다(승려법 제23조 제24조).

7) 미등록 사설사암과 법인의 권리자에 대한 제한

第9條 ③ 本宗의 僧侶가 私設寺庵을 創建하였을 때는 반드시 宗團에 그 寺庵(財産)을 登錄하여야 하며 法人을 設立했을 때는 그 定款에 當該 法人이 本宗 管掌下에 있음을 明記하여야 한다. 本宗 僧侶로서 宗團에 登錄하지 않은 私設寺庵의 財産上의 權利人과 定款上 本宗의 管掌下임을 明示하지 않은 法人의 任職員 및 法人 傘下 寺庵의 財産上의 權利人은 다음과 같이 그 權限을 制限한다.
가. 宗團 宗務員法上의 一切의 宗務職에 就任할 수 없다.
나. 宗團 傘下 敎育機關 및 布敎機關의 敎職, 布敎師와 任職員에 就任할 수 없다.
다. 宗團 各種 委員會의 委員에 就任할 수 없다.
라. 該當 僧侶의 徒弟는 本宗의 敎育機關의 惠澤을 받을 수 없다.

이 규정은 종단 소속 스님들의 종단에 대한 책임성을 제고하고 삼보정재의 유실을 막기 위한 것이다. 즉 조계종 소속 스님이 중요한 권리를 가지고 있는 법인이 사찰을 거느리는 경우 그 법인이 종단의 관장 하에 있음을 분명히 하지 않으면 법인이 보유한 재산으로서의 사찰이 종단과 무관한 것이 되어 유실될 위험이 있고, 또 일반 사찰이 분담금 납부를 비롯한 각종 종단에 대한 의무를 이행하는 것과 비교하면 형평에도 맞지 않는다.

개인적으로 사찰을 창건하고 종단에 등록하지 않는 경우도 삼보정재의 유실 위험이 크고, 종도로서의 의무를 이행하지 않게 될 뿐만 아니라 상주물을 사유화함으로써 여러 가지 문제를 일으키는 경우가 있다. 따라서 삼보정재의 사유화를 막고 종단에 대해 책임 있는 종도의 자세를 갖도록 하기 위해 미등록 법인이나 미등록 사설사암의 권리인에 대해서는 불이익을 주고 있다. 특히 본인뿐만 아니라 그 상좌에게 승려가 될 수 있는 교육 기회를 부여하지 않는다.

8) 신도

第10條 信徒는 三歸依戒, 在家5계 및 菩薩戒를 受持하고 三寶를 護持하며 本宗의 宗旨를 信受奉行하는 者라야 한다.

신도는 ① 수계 ② 삼보 호지 ③ 종지 봉행의 요건을 갖추어야 한다.

신도는 신도 교육을 받을 권리, 종단이나 사찰이 시행하는 법회와 행사 등에 참여할 권리, 신도회나 신도 단체를 결성하고 가입하며 활동할 권리, 문화재사찰 무료입장 및 종단 시설 무료 이용 혹은 우선 이용할 권리, 종단과 사찰의 유지와 발전을 위해 참여할 권리 등을 가지며(신도법 제4조), 삼보를 보호하고 보시하며 계율을 지키고, 보살로서의 서원을 세우고 수행하며, 신도 기본교육 등 법령으로 정하는 교육과 법회에 참여하여야 하며, 교무금을 납부하고 종단의 각종 규정을 지키며 종단과 사찰의 발전을 위해 기여할 의무 등을 가진다(신도법 제3조).

조계종단의 구성원으로서 신도는 일반 불자와 다르다. 부처님의 가르침을 삶의 지침으로 받아들이기만 하면 불자라고 할 수 있지만, 신도는 거기에 더하여 종단에 소속한 사찰 한 곳을 자신의 재적 사찰로 정하여 신행의 근본 도량으로 삼아야 한다(신도법 제5조). 불자가 특정 사찰의 재적신도가 되고자 하면 사찰은 3귀의계와 5계를 수지한 신도에게 조계종단의 종지를 받들 것을 확인하고 신도증을 발급한다(신도법 제8조). 3귀의계와 5계는 사찰이나 단체에서 덕망 있는 스님을 모셔서 수계식을 행하면 된다. 보살계는 교구본사에서 매년 1회 열리는 보살계단에서 수계할 수 있다(신도법 제19조).

신도 교육은 기본교육, 전문교육, 지도자교육과 임원 교육, 연수교육 등이 있다(신도법 제10조). 조계종단의 신도는 신도 기본교육을 이수하여야 하며, 전문교육은 포교원이 인가한 신도 전문교육기관에서 자신의 희망에 따라 교육을 받을 수 있다(신도법 제11조 제12조).

신도의 공식 명칭은 남성 신도는 우바새, 여성 신도는 우바이로 한다(신도법 제17조). 거사, 처사, 보살 등 일반적으로 많이 사용되는 호칭은 신도법상의 신도 명칭은 아니다.

사찰 신도는 사찰 신도회의 구성원이 되며(신도법 제24조), 사찰 신도회장은 신도회의 회칙에 따라 선출하여 주지가 임명한다(신도법 제25조). 사찰 신도회와 기초지역 신도단체 연합이 모여 교구신도회를 구성하며(신도법 제27조), 전국 신도 대표기구는 중앙신도회이다(신도법 제36조).

9) 의식

> **第13條** 本宗의 儀式은 佛祖의 遺訓과 傳來의 百丈清規 및 禮懺法에 依遵한다.

종래 조계종단의 법요 의식에 있어 가장 준거가 되어온 것은 석문의범이다. 석문의범은 전래의 예참법을 집대성하고 있기 때문이다. 그런데 석문의범은 종단의 공식 법요 의식 요전이 아니다. 법요 의식은 다른 종단과 구별되는 조계종단의 정체성과 밀접한 관련이 있기 때문에 종단적 표준안이 분명히 제시되는 것이 합당하다.

한편 조계종단은 각종 법요 의식 진행에 있어서 전환기에 직면해 있다. 포교원에서는 청소년 법요집, 통일법요집, 한글법요집 I, 한글법요집 II를 잇따라 간행하면서 의식의 한글화를 강하게 주문하고 있다. 반면 기존의 승가의범은 한문으로 되어 있다. 이처럼 일선 사찰에서도 스님에 따라 한글로 하는 경우와 한문으로 하는 경우가 혼재되어 있다. 한글 의식은 누구나 이해할 수 있고 의식문대로 마음을 챙겨갈 수 있어서 의식이 그대로 공부요, 수행이 된다. 반면 한문 염불은 범패의 아름다움을 살려 사찰의 고유한 멋을 전할 수 있다. 스님의 입장에서는 오랫동안 익숙하게 해 온 탓에 바꾸기가 쉽지 않고, 한글 의식은 염불 소리를 내기에 어색한 면도 있다. 그러나 종단은 의식의 한글화를 위해 노력을 기울이고 있다.

10) 계단

第15條 戒壇은 傳戒를 行한다.
第16條 ① 戒壇은 具足戒壇과 式叉摩那尼戒壇, 沙彌戒壇, 菩薩戒壇으로 구분한다.
② 具足戒壇과 式叉摩那尼戒壇, 沙彌戒壇은 戒壇委員會의 議決을 거쳐 總務院에서 指定한 宗團 單一戒壇에서 得度授戒式을 奉行한다.
③ 菩薩戒壇은 總務院에 申告하여 隨所에 設置할 수 있다.

종단을 구성하는 승려와 신도는 모두 수계를 통해 승려가 되고 신도가 된다. 따라서 계를 설하는 계단이 열린다는 것은 교단이 유지되고 정법이 살아있음을 상징한다고 할 수 있다. 우리나라에 수십 개의 불교 종단이 있지만 3사7증을 갖추어 구족계를 설할 수 있는 종단은 드물다. 종정이 법(法)으로 종단을 대표하고, 총무원장이 종단의 행정 수반으로서 종단을 대표한다면 전계대화상은 청정 승가를 대표한다고 할 수 있을 것이다. 전계대화상은 원로회의의 추천으로 종정이 위촉한다(종헌 제17조).

계단은 비구, 비구니계를 전하는 구족계단, 사미·사미니·식차마나니계를 전하는 사미계단, 보살계를 전하는 보살계단으로 한다(계단법 제10조). 계단은 3사7증을 갖추는데 3사는 전계아사리(전계대화상), 갈마아사리, 교수아사리이며, 7증사는 증계아사리이다. 갈마아사리, 교수아사리, 증계아사리는 전계대화상이 위촉한다(종헌 제17조). 율장에서 승랍 5년 이상이면 아사리가 될 수 있지만, 종단 단일계단의 아사리는 승랍 20년 이상의 청정지계자로 하고 있다(계단법 제14조).

과거에는 개별 사찰에서 사미계를 전하고, 특별 법회 형식으로 구족계를 전하기도 하였다. 그러다 보니 수계를 받을만한 자격을 갖추었는지 검증

이 되지 않고, 수계 사실이 종단에 정확하게 통보되지 않아 수계 여부를 둘러싸고 논란이 생기기 일쑤였다. 그래서 종단은 종단 차원에서 개설하는 단일계단에서만 계를 전하도록 하였다(종헌 제16조 제2항). 다만 보살계단은 사찰의 주지가 총무원장에게 신고하여 임시계단을 개설할 수 있다(계단법 제12조).

11) 종무원

종무원은 선출 또는 임용에 의해 각급 종정기관에서 종무에 종사하는 자를 말한다.

(1) 종무원의 분류

종무원은 그 신분상의 수계 구분에 따라 크게 교역직과 일반직으로 구분할 수 있다. 교역직 종무원은 승려로서 종무원인 자이며, 일반직 종무원은 재가불자로서 종무원인 자를 말한다. 이 밖에 군법사단, 경승단, 해외 포교에 종사하는 신도 등 특수직 종무원과 환경미화원, 경비원 등 잡무직 종무원이 있다.

(2) 종무원이 되는 절차에 따른 분류

종무원이 되는 절차에 따라 선출직, 직임직, 품임직, 선임직, 위촉직으로 구분할 수 있다.

선출직은 선거 등 선출에 의해 종무원이 되는 자로 총무원장, 교육원장, 포교원장, 호계원장, 호계위원, 법규위원, 선거관리위원, 소청심사위원, 종립학교관리위원 등이 있다.

직임직은 채용 등의 절차를 통해 직무에 임명함으로써 종무원이 되는 자이다. 중앙종무기관의 부장급(호법부장 제외), 국장급, 과장급 교역직 종무원, 일반직 종무원, 교구본사와 말사의 주지를 제외한 소임자 등이 해당한다.

품임직은 품수를 받아 임명함으로써 종무원이 되는 자로, 말사 주지는 교구본사 주지가 품수하고 총무원장이 임명한다.

선임직은 조계종법에 규정된 절차에 따라 선출된 후보자를 임명함으로써 종무원이 되는 자로, 교구본사 주지는 산중총회에서 선출하고 총무원장이 임명한다. 단, 총림의 경우에는 방장의 추천으로 총무원장이 임명한다.

위촉직은 특정한 직무를 부탁하여 맡게 함으로써 종무원이 된 자로 계단위원, 고시위원, 교육원과 포교원 산하의 각 위원회 위원이 해당한다.

(3) 교역직 종무원의 자격(종무원법 별표)

직 명	요 건			임명별
	승랍	연령	법계	
전 계 대 화 상	45년 이상	65세 이상	대종사	위촉
총 무 원 장	30년 이상	50세 이상	종사 이상	선출
교 육 원 장	〃	〃	〃	〃
포 교 원 장	〃	〃	〃	〃
호 계 원 장	〃	〃	〃	〃
계 단 삼 화 상	〃	〃	〃	위촉
계 단 위 원	25년 이상	45세 이상	대덕 이상	〃
법 규 위 원 장	〃	〃	〃	선출
고 시 위 원 장	30년 이상	50세 이상	종사 이상	위촉
호 계 위 원	25년 이상	45세 이상	대덕 이상	선출
법 규 위 원	〃	〃	〃	〃
본 사 주 지	〃	〃	〃	선임

중앙선거관리위원장	20년 이상	40세 이상	〃	선출
총무원 부 실장	〃	〃	〃	직임
교육원 부 소장	〃	〃	〃	〃
포교원 부 실장	〃	〃	〃	〃
종정예경실장	〃	〃	〃	〃
중앙종회사무처장	〃	〃	〃	〃
소청심사위원	〃	〃	〃	선출
칠 증 사	〃	〃	〃	위촉
고 시 위 원	〃	〃	대덕 이상	〃
중앙선거관리위원	〃	〃	〃	선출
교구선거관리위원장	15년 이상	35세 이상	〃	〃
총무원각국장	〃	〃	중덕 이상	직임
교육원각국장	〃	〃	〃	〃
포교원각국장	〃	〃	〃	〃
교구선거관리위원	〃	〃	〃	선출
본 사 각 국 장	5년 이상	30세 이상	견덕 이상	직임
말 사 주 지	5년 이상	〃	견덕 이상	품임

(4) 일반직 종무원 임명

불교 신도로서 업무 수행 능력이 있는 자를 공채에 의하여 임명한다. 다만 공개 채용으로 임용하기에 적절하지 않다고 판단할 경우 그 종무기관의 장은 종무원을 특별 채용할 수 있다.

(5) 종무원의 신분 보장

일반직 종무원(재가불자 종무원)은 징계에 의하지 아니하고는 65세까지 정년을 보장받으며, 직무에 따른 보수를 월 급여 등의 형태로 지급받는다. 종무원이 면직될 수 있는 경우로는 신체적 정신적 이상으로 1년 이상 직무 수행이 불가능하다고 인정된 때, 직무 수행 능력의 현저한 부족 또는 근무 성적이 극히 불량한 때, 반불교적이거나 반종단적 목표를 가진 단체에 가입한 때, 총무원장 등 종무원이 소속한 종무기관장의 행정상 명령에 정당한 이유 없이 불응하여 하극상의 행동을 하였을 때이다.

교역직 종무원(승가 종무원)은 업무 수행에 필요한 최소한의 경비를 보시로 받는다. 교역직 종무원은 임기 동안 징계에 의하지 아니하고는 면직당하지 않는다. 다만 중앙종무기관의 부장급, 국장급 종무원 등 일부 종무원은 따로 임기 규정이 없다.

종무원이 정당한 사유 없이, 또는 상식적으로 받아들이기 어려운 과도한 징계에 회부되거나 면직 등의 처분을 받은 경우, 그 징계 회부나 처분이 정당하지 않다고 여길 때는 소청심사위원회에 소청을 제기하여 구제를 받을 수 있다. 소청심사위원회의 심사 결과는 행정처분을 한 종무기관을 구속하므로 징계 회부가 부당하다고 결정된 경우 호법부장은 지체 없이 징계 회부를 취소하여야 하고, 행정 처분이 부당하다고 결정된 때에는 그 종무기관의 장은 행정처분을 취소하여야 한다.

(6) 종무원의 의무

종무원은 종무원이 소속한 종무기관의 장이 시행하는 교육명령에 응하여야 하며(교육에 응할 의무), 종단의 종지와 부처님의 가르침에 따라 국가의 법과 종단 법을 준수하고 성실히 직무를 수행하여야 한다(성실의 의무). 그 직무 수행에 있어서 상사의 직무상 지시에 응하여야 하며(복종의 의무), 종무원은 종단 전체에 대한 봉사자로서 친절하고 공정하게 집무하여야 한다(친절 공정의 의무). 종무원은 정당한 이유 없이 근무지를 이탈하여서는 아니 되며, 업무와 관련하여 알게 된 비밀을 퇴직 후까지도 지켜야 한다(비밀 엄수의 의무). 종무원은 효율성과 합리성에 의거하여 직무를 수행하여야 하며, 법령에 따라 직무를 수행하고 종법 질서를 수호하여야 한다(종법 수

호의 의무). 상급 종무기관은 하급 종무원에 대한 인사 및 행정 처분을 함에 있어 종단 법규에 의거하여 공정하게 하여야 하며(공정한 종무집행의 의무), 종무원은 근무지 내외에서 품위를 유지하여야 한다(품위 유지의 의무). 종무원은 직무와 관련하여 금전이나 물품, 향응을 받아서는 아니 된다(청렴의 의무).

사찰을 경영하는 주지는 소정의 분담금과 공과금 등을 납부하여야 하며(분담금 납부 의무), 사찰에 거주하는 승려를 보호하고 지도 감독하여야 하며(대중 보호의 의무), 사찰의 존엄성을 유지하여야 한다(청정기풍 유지의 의무).

(7) 소송 제기의 금지

한편 종무원은 상급 종무기관의 부당한 처분에 대하여 소청심사위원회, 법규위원회, 호계원에 시정을 요청하는 절차를 거쳐야 하며, 일체의 민형사 소송을 해서는 안 된다는 종무원법 제25조는 어떻게 이해해야 할 것인가? 이것은 종단 내부의 구제 절차를 밟지 않고 국가 법원에 소송을 제기하는 문제에 대한 우려를 나타내는 조항이다.

법원은 종교 단체의 자율성을 존중하여 종단 내부의 일에 대해서는 심각하고 중대하다고 인정되는 경우가 아닌 이상 사법적 개입을 자제한다. 그런데 모든 소송을 금지한다고 할 경우 국민의 기본권 가운데 하나인 재판을 받을 권리를 침해하는 것이 되어 국가법과 종단법이 충돌하게 되며, 국가법이 종단에 개입할 근거가 된다.

종단의 사법 절차가 절차적 정의와 내용적 정의를 갖추고, 내부 구제 절차를 밟은 뒤 그래도 미진하다고 여길 경우 국가 법원의 판단을 구하도록 절차를 갖춘다면 법원으로서도 종단 내부의 일에 개입할 여지가 거의 없게 되고, 소송으로 인한 삼보 정재의 낭비와 종단 자주성 침해의 문제도 사라지게 될 것이다.

3장
중앙종무기관
(中央宗務機關)

종정(宗正)

　　종정은 조계종단의 법통(法統)과 정신을 상징한다. 불교는 법을 으뜸으로 하기에 법통을 상징하는 종정은 종단 최고의 권위이며, 누구와도 견줄 수 없는 지위이다(종헌 제19조). 다만 이 권위는 세속적 권력의 권위와 차원을 달리하는 것이다.

　　종정의 임기가 끝나기 3개월 전에 원로회의 의장은 종정을 추대하기 위한 회의를 소집하는데, 그 회의는 원로회의 의원, 총무원장, 호계원장, 중앙종회 의장으로 구성된다(종헌 제21조). 승랍 45년 이상, 연령 65세 이상, 법계 대종사에 해당하는 스님 중에서 이 회의의 재적 과반수 찬성을 얻은 분을 임기 5년의 종정으로 추대하게 된다. 이 회의에서 이미 종정으로 추대되어 5년 임기가 다 된 분을 한 번 더 종정으로 모시기로 결의하는 것은 1차에 한하여 가능하다(종헌 제22조).

　　종정은 원로회의의 추천을 받아 전계대화상을 위촉하고, 총무원장이 중앙종회의 동의를 얻어 품신하는 징계의 사면과 경감, 복권을 행한다. 또 중앙종무기관의 장이 품신하는 포상을 행한다. 그리고 종단이 위기 상황이어서 중앙종회의 해산이 필요하다고 판단될 때 원로회의 재적 3분의 2 이상의 제청을 받아 중앙종회를 해산할 수 있다(종헌 제23조 제24조).

　　종정을 보필하고 예경과 의전 사무를 담당하기 위하여 총무원 내에 종정예경실을 둔다(종정예경실 설치령 제2조 제5조).

2 원로회의

　　종단 원로로서 오랜 경륜을 바탕으로 종헌 개정안, 총무원장 당선자, 총무원장 불신임 결의 등 종단의 중요한 사안에 대해 인준하고, 종정을 추대하고 전계대화상을 추천하며, 중앙종회에서 부의한 종단 주요 종책에 대해 조정하고 조언하며 종단 비상시 중앙종회 해산을 종정에게 제청하고, 중앙종회 해산시 2개월 이내의 기간 동안 중앙종회의 권한을 대행하는 등 종단의 중대사가 있을 때 중심을 잡아주는 역할을 하는 기구가 원로회의이다(종헌 제28조, 원로회의법 제5조).

　　원로회의는 17인 이상 25인 이내의 의원으로 구성되며, 원로회의 의원의 임기는 10년 단임이다. 원로회의 의원은 중앙종회에서 후보를 추천하면 원로회의에서 선출한다(종헌 제26조).

3

중앙종회

1) 의회주의

조계종단은 의회주의를 채택하고 있다. 의회주의란 종도가 선출한 의원들로 구성되는 중앙종회가 집행부와 대등한 권력을 유지하면서 입법이나 각종 결의, 종무보고와 감사 등의 방식으로 종단의 정책 결정 과정에 참여하는 정치 방식이다. 이 의회주의의 전통은 대중이 모두 모여 승가의 대소사를 심의 의결하는 승가갈마에 연원을 두고 있다.[17]

(1) 종도 대표의 원리

중앙종회는 종도를 대표하는 의원들이 입법적 과정을 통해 종단의 방향과 내용을 결정한다. 종도의 의사가 선거를 통해 중앙종회에 전달되고, 중앙종회가 종도의 의사에 따라 입법이나 결정을 행한다는 점에서 중앙종회가 종도를 대표한다는 대표성은 의회주의의 기본 원리이다. 이 원리에 따라 중앙종회 의원에게는 종회 안에서 직무상 행한 발언과 표결에 대해 종회 밖에서 책임을 지지 않는 면책 특권[18](종헌 제37조), 중앙종회 회기중 의원에

---

17 승가갈마에서는 입법, 사법, 행정기능이 별도 조직 체계로 분화되어 있지 않으나 전문화, 복잡해지는 현대 사회에서 종단을 안정적으로 유지하면서 나아가 사회에 적극적으로 활동을 하기 위해 국가와 사회의 운영 원리를 보충적으로 수용하여 입법·사법·행정의 삼권분립 체계를 갖추고 있다. 이 삼권분립 체계를 보완하는 장치로 종단의 진리성을 상징하는 종정을 두고, 종단의 중요한 사항을 인준하며 종단 비상시 중심 역할을 맡는 원로회의를 두고 있다.

대한 징계 조사와 심사의 유보(종헌 제38조), 겸직금지(종헌 제35조) 등이 부여 된다.

(2) 공개 토론 원리

중앙종회가 종도의 의사를 공정하고 합리적으로 다루기 위해서는 그 의사결정 과정이 공개적이고 합리적인 토론을 통해 이루어져야 한다. 그렇지 않고 소수 실력자에 의해 밀실에서 결정된다면 종도의 뜻이 제대로 반영될 수 없고, 보다 합리적이고 긍정적인 방향으로 논의가 전개될 수도 없게 된다. 공개 토론 원리는 중앙종회법 제40조에서 규정하고 있다.

(3) 다수결 원리

전통적으로 승단의 갈마는 전원합의에 의하여 의사를 결정하였다. 그러나 현대 사회의 복잡하고 다양한 요구에 부응하기 위해서는 신속한 의사결정이 필요하기에 조계종단의 의사 결정은 다수결에 의한다고 규정하고 있다(종헌 제41조). 그런데 다수결 방식은 다수 의견에 의해 소수 의견이 압도되는 방식이며 경우에 따라서는 소수 의견이 더 합당할 수도 있다는 점에서 이견이 있을 수 있다.

교단이 전통적으로 의지해온 전원 합의 방식은 단 한 명이라도 이견이 있을 경우 조정과 타협으로 합의를 도출하기 위해 노력하며, 이 과정에서는 어떤 소수 의견이라도 다수에 의해 묵살되지 않는다. 그래서 중앙종회는 비록 종헌상 다수결 원리를 규정하고 있지만 실제 회의 진행에 있어서는 전원

---

18 이 책임은 법적 책임이다. 이를테면 중앙종회에서 직무상 행한 발언으로 호법부로부터 징계 조사를 받는 등의 법적 책임을 면제하는 것으로, 양심에 따라 자유롭게 발언하도록 하기 위함이다. 그러나 정치적, 도의적 책임까지 면제된다고 할 수 없다.

합의 방식을 적절히 적용하고 있다.

2) 입법권

第31條　本宗은 立法機構로서 中央宗會를 둔다.

　　종헌은 중앙종회가 조계종단의 입법기구라고 규정함으로써 조계종법을 제정, 개정, 폐지하는 권한이 중앙종회에 있음을 규정하고 있다. 입법되는 조계종법의 내용도 종도의 권리 의무와 직접 관련되는 사항으로 한정하지 않는다.

　　중앙종회의 입법에 대해 총무원장은 거부권을 행사할 수 없으며, 총무원장에게 종단 비상시에 종법에 준하는 긴급 명령을 발할 권한도 부여되어 있지 않으므로 중앙종회의 입법권은 국가와 비교할 때 더 폭넓고 독점적이라고 할 수 있다.

　　다만 중앙종무기관의 장에게 종법안 발의권이 부여되어 있고, 종법 입법의 상당수가 중앙종무기관에서 발의한 것일 뿐 아니라 전문적이고 기술적인 내용을 다루고 있는 경우 중앙종회가 세부적으로 입법하기 어려운 문제가 있다. 그러다 보니 중앙종회가 제정하는 종법에서는 큰 원칙만을 정하고 세부사항은 행정입법인 종령 등에 위임하는 경우가 일반적이다. 또 종법에서 위임된 사항이나 종법의 집행을 위해 총무원장이 발하는 종령과 종법과 종령에 저촉되지 않는 범위 안에서 각 기관의 운영과 업무 처리의 원칙과 절차를 담은 규칙 등 행정입법이 인정되고 있다.

3) 중앙종회의 구성과 조직

(1) 중앙종회 의원의 선출

중앙종회는 선거법에 의해 선출된 81인 이내의 의원으로 구성한다(종헌 제32조). 이 가운데 교구에서 직접 보통 평등 비밀선거에 의해 선출되는 종회 의원은 51명[19]이며, 비구니 종회의원 10명,[20] 직능직 선출위원회에서 선출하는 직능 종회의원이 20명[21]이다. 중앙종회 의원의 자격은 승랍 15년 이상, 연령 35세 이상의 승려로 하며(종헌 제33조), 조계종 승려가 아니거나 구족계를 받지 않은 경우, 제적의 징계를 받았거나 공권정지 징계의 기간이 경과하지 않은 경우, 종헌 제9조 제3항에 해당하는 경우, 면직 징계로 해임되어 1년이 경과하지 않은 경우, 호계원 판결이나 기타 종법에 의하여 피선거권이 정지되거나 상실된 경우에는 종회의원 선거에 입후보할 수 없다. 종회의원의 임기는 4년이다. 다만 보궐선거를 통해 당선된 종회 의원의 임기는 전임자의 잔여 기간으로 한다(종헌 제34조).

구족계를 수지한 조계종 승려는 중앙종회의원 선거권을 가진다. 다만 제적이나 공권정지중인 경우, 호계원 판결이나 종법령으로 선거권이 정지 또는 상실된 경우, 종헌 제9조 제3항에 해당하는 경우 등 선거권을 행사할

---

19 교구별 2인의 종회의원을 선출하되, 교구 재적승 숫자 비례에 따라 직할교구는 4인, 해인사 교구는 3인의 종회 의원을 선출한다(중앙종회의원선거법 제13조).

20 비구니 종회의원 선출은 전국비구니회 운영위원회가 추천하고 직능대표선출위원회의 심의를 거쳐 중앙선거관리위원회가 결정한다(중앙종회의원선거법 제31조). 종법의 문장과 취지로 볼 때 직능대표선출위원회의 심의는 추천된 비구니 종회의원 후보자의 적격 여부에 대한 판단에 한정되며, 직능대표선출위원회가 별도로 추천권을 행사할 수는 없다고 보는 것이 합당하다. 또 중앙선거관리위원회의 결정은 선출 과정이 적법하게 이루어졌는지를 판단하는 것으로, 적법하게 이루어졌음을 확인하는 중앙선거관리위원회의 결정은 당선 확정 효력을 발생한다.

21 선원, 강원, 율원, 교육, 포교, 사회, 복지, 문화, 법제, 행정 분야별로 2인씩의 직능직 종회의원이 할당되어 있다(중앙종회의원선거법 제13조).

수 없는 경우가 선거법에 규정되어 있다.

중앙종회의원 선거기간은 후보자 등록일로부터[22] 투표일 전일[23]까지 14일로 하며(중앙종회의원 선거법 제15조), 중앙종회의원의 선거는 그 임기 만료일 전 15일 이후 첫 번째 목요일에 실시한다(중앙종회의원 선거법 제16조).

선거일정 공고 **(D-30)**	교구 선거관리위원회는 선거 일정과 거주승 신고 기간, 선거인명부 열람 장소, 투표소 등을 선거일 전 30일까지 공고한다.
거주승 신고 **(D-23)**	거주승은 선거일 공고 후 7일 이내에 교구 선거관리위원회에 신고하여야 한다.
후보자 등록 **(D-14)**	중앙종회의원 선거에 출마하려면 선거일 전 14일부터 3일간 교구 선거관리위원회에 후보자로 등록하고, 교구선거관리위원회는 중앙선거관리위원회에 이를 보고한다. 직능직 종회의원이 되려는 자도 이 기간에 등록한다. 직능직 후보자로 등록한 경우 직선직 후보가 될 수 없다. 선거 기간은 후보자 등록일부터 투표 전날까지이다.
선거운동	후보자 등록 기간이 종료한 때부터 투표일 전일까지 선거운동을 할 수 있다.
선거인명부 **열람** **(D-7)**	선거인명부에는 선거권자의 법명(성명), 은사의 법명(성명), 재적본사 및 거주사, 승랍, 연령, 성별, 소임 등이 기록된다. 선거인명부를 열람하고 이의가 있는 경우 교구선거관리위원회에 이의를 신청한다.

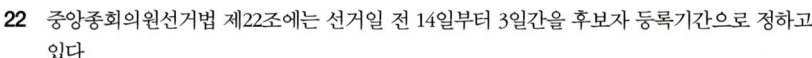

---

22 중앙종회의원선거법 제22조에는 선거일 전 14일부터 3일간을 후보자 등록기간으로 정하고 있다.

23 투표일 전일까지가 선거 기간이라면 아직 투표를 하지 않아 종회의원 당선자가 없음에도 선거 기간이 종료하는 문제가 있다. 대개 후보자 등록 마감일부터 투표일 전일까지의 기간은 선거운동기간이라고 하며, 선거기간은 선거 기일까지 포함하는 개념이다.

직능직 의원 선출 (D-3)	중앙종회의원 중 직능대표는 직능대표선출위원회에서 선출한 자로서 중앙선거관리위원회에 통지된 자를 당선인으로 결정한다.
선거인명부 확정 (D-3)	중앙선거관리위원회는 선거인명부를 선거일 3일 전까지 확정한다.
후보자 자격 확정 (D-3)	교구선거관리위원회는 등록한 후보자에 대해 즉시 자격 심사를 의뢰하고, 중앙선거관리위원회는 후보자에 대한 자격을 선거일 전 3일까지 심사하여 확정한다.
선거 (D-0)	선거는 기표방법에 의한 투표로 하며, 투표는 1인 1표(평등선거, 보통선거)로 무기명, 직접, 비밀로 한다. 후보로 등록한 자가 교구별 선출 인원보다 적거나 같은 경우 투표를 하지 않는다. 투표는 1시부터 4시까지 하며, 교구선거관리위원회는 투표가 끝나면 즉시 개표를 실시하고, 개표 결과를 중앙선거관리위원회에 보고한다.
당선인 결정	중앙선거관리위원회는 투표의 결과에 따라 당선인을 결정하고 통보한다.

(2) 의장과 부의장

중앙종회는 의장 1인과 부의장 2인(수석부의장, 차석부의장)을 선출하며, 임기는 2년으로 한다(종헌 제40조).

중앙종회 의장은 중앙종회를 대표하고 의사를 정리하며, 질서를 유지하고 사무를 감독한다. 중앙종회 정기회와 임시회를 소집하고, 의사일정을 작성하고 변경하며, 중앙종회에서 의결된 종법을 총무원장에게 이송하고, 총무원장이 15일 이내에 종법을 공포하지 않을 경우 이를 공포하며, 중앙종회에서 의결된 안건을 유관 종무기관에 이송하며, 각종 청원을 접수하고, 중앙종회 폐회중 의원이 사직하고자 할 경우 이를 허가할 수 있다.

의장이 유고인 경우 수석, 차석의 순으로 부의장이 그 직무를 대행하며, 의장과 부의장이 모두 유고인 때에는 임시의장을 선출하여 의장의 직무를 대행하도록 한다(중앙종회법 제6조).

의장과 부의장은 중앙종회에서 재적의원 과반수의 찬성으로 선출한다. 임기는 2년이며, 보궐 선출된 경우의 임기는 전임자의 잔여 임기로 한다.

(3) 위원회

위원회는 본회의에서 의안 심의를 원활하게 하기 위해 소수의 종회 의원들로 구성되는 회의체제를 말한다. 원래 중앙종회는 종단의 대의기구이므로 모든 의안에 대해 의원 전원이 검토하고 심의하는 것이 합당하다고 할 수 있다. 그러나 모든 의안에 대해 검토 심의하기에는 중앙종회 의원이 너무 다수이고, 모든 의안을 전체가 다루기에는 의안이 너무 많기도 하며, 상당수 의안들은 보다 전문적인 식견을 필요로 하는 사항이므로 전체가 의안을 다룰 경우 전문적으로 의안을 다루기가 어렵다. 이러한 이유로 중앙종회에는 위원회를 두는데, 위원회에는 상임분과위원회와 특별위원회가 있다(중앙종회법 제20조).

상임분과위원회에는 총무분과, 교육분과, 포교분과, 사회분과, 재정분과, 호법분과, 법제분과위원회가 있으며, 의장을 제외한 종회의원은 하나의 상임분과위원회 위원이 된다. 중앙종회 의장은 의원들의 신청을 받아 상임분과위원회에 배정하며, 상임분과위원회의 의원 정수는 15인 이내로 한다. 상임분과위원장은 본회의에서 분과위원 가운데 선출하는데, 다선과 전문성을 중요한 선출 근거로 한다. 상임분과위원장과 위원의 임기는 2년으로 한다.

특히 필요하다고 인정되는 안건 및 사건을 심사하거나 조사하기 위해 본회의의 결의로 특별위원회를 구성할 수 있으며, 특별위원장도 본회의에서 선출한다. 특별위원회는 특별위원회가 담당하는 안건이 본회의에서 의결될 때까지 존속한다.

각 위원회는 중앙종회의 회기와 관계없이 개회할 수 있으며, 위원회에서 조사한 사항은 의장에게 보고하고, 의장은 본회의에 회부하여야 한다. 각 위원장은 위원회 소관 사항에 해당하는 종법안과 의안을 본회의에 제출할 수 있다(중앙종회법 제30조 제2항).

4) 중앙종회의 운영과 의사 절차

(1) 의사 진행 절차 – 중앙종회법 제40조

의안 발의	- 종회의원 5인 이상의 찬성(서명)으로 발의 - 총무원장이 제출하는 종법안, 예산안, 결산서, 종단재산처분, 징계의 사면, 경감, 복권, 그 밖에 중앙종회의 결의가 필요하다고 판단하여 제출하는 사항 - 중앙종무기관의 장이 제출하는 종법안과 그 밖에 중앙종회의 결의가 필요하다고 판단하여 제출하는 사항

위원회 회부	- 의장은 의안이 발의되거나 제출되면 본회의에 보고하고 소관 상임분과위원회에 회부하여 심사하게 한다. 특히 필요하다고 인정될 때에는 본회의의 의결을 얻어 특별위원회에 회부한다. - 의장은 본회의의 의결로 의안을 상임위에 회부하지 않고 본회의에 직접 부의할 수 있다.

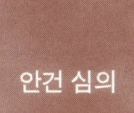 본회의 부의	- 상임분과위원회는 안건 심사를 마치고 심사 경과와 결과 등을 서면으로 의장에게 보고하며, 이 보고서에는 소수의견의 요지, 관련 위원회의 의견 요지를 기재하여야 한다. - 위원회가 본회의에 부의하지 않기로 결정한 안건은 폐기된다. 다만 의원 20명 이상의 요구가 있을 때에는 그 의안을 본회의에 부의하여야 한다.
 안건 심의	- 위원회에서 심사를 마친 안건이 본회의의 의제가 된 때에는 위원장은 위원회의 심사 경과와 결과, 소수의견 및 관련 위원회의 의견 등 필요한 사항을 본회의에 보고한다. 위원회를 거치지 않은 안건은 제안(발의자, 제출자)한 자가 그 취지를 설명한다. - 질의와 토론을 거친다.
 표결	표결은 재적 의원 과반수의 출석과 출석 의원 과반수의 찬성으로 의결함을 원칙으로 한다. 다만 종헌 개정, 중앙종무기관의 장에 대한 불신임 의결, 중앙종회 의원 제명은 중앙종회 의원 재적 3분의 1 이상의 발의와 재적 3분의 2 이상의 찬성으로 의결한다.
이송	중앙종회에서 의결된 의안은 의장이 이를 해당 종무기관에 이송한다.

(2) 의사절차의 원칙

① 의사공개(議事公開)의 원칙

본회의는 공개한다. 다만 본회의의 의결이 있을 때는 공개하지 아니할 수 있다(중앙종회법 제40조).

중앙종회가 의안을 심의하는 과정을 종도에게 공개하는 것은 종도의 대표로서 종도의 의사를 반영하여 의안을 다룬다는 승가 정신에 따라 요청되는 원칙이다. 그러나 이 원칙은 절대적인 것이 아니어서 종단 외부로 공개되는 것이 종단에 손실을 끼치거나 종단의 위상을 하락시키는 등의 우려가 있어 비밀 유지가 필요하다고 인정할 경우에는 본회의의 의결로 비공개 회의를 할 수 있다. 그러나 공개 원칙에 비추어볼 때 비공개 회의는 특정 안건에 대하여 한시적으로 이루어져야 한다고 하겠다. 또 중앙종회의 운영에는 위원회가 많은 역할을 차지하고 있으므로 본회의뿐만 아니라 위원회의 의사도 공개하는 것이 원칙이라고 보는 것이 합당하다.

중앙종회 회의를 참관하고자 하는 자는 중앙종회 사무처로부터 방청권을 발급받아 방청을 할 수 있다(중앙종회법 제40조 3항).

② 회기계속(會期繼續)의 원칙

종회에 제출된 의안은 회기 중에 의결되지 못한 이유로 폐기되지 아니한다(중앙종회법 제53조). 즉 이번 회기에 의결되지 못한 의안은 다음 회기 때 계속 심의할 수 있다는 원칙이다. 다만 중앙종회 의원의 임기가 만료한 때에는 의결되지 못한 의안은 자동 폐기된다.

회기 계속의 원칙은 중앙종회가 매 회기마다 다른 종회가 아니라 임기 중에는 그 일체성과 동일성이 인정된다는 의미이다.

③ 일사부재의(一事不再議)의 원칙

중앙종회에서 부결된 안건은 같은 회기 중에는 다시 발의 또는 제출하지 못한다(중앙종회법 제52조). 이것은 동일한 안건을 계속 상정함으로써 중앙종회의 의사 진행을 방해할 위험을 막고 의사 진행을 효율적으로 하기 위한 원칙이다.

그런데 의안이 제기될 때와 다른 사정이 발생하여 목적, 절차, 수단 등이 변경된 경우에는 동일한 안건으로 볼 수 없으므로 다시 의안을 발의 또는 제출할 수 있다. 일단 의안을 제출하였으나 철회하여 의결하지 않은 것을 다시 제안하는 것도 이 원칙에 위배되지 않는다. 위원회가 의결한 것에 대해 본회의에서 다시 심의하는 것도 일사부재의의 원칙에 해당하지 않는다.

5) 중앙종회의 권한

第36條 다음 事項은 中央宗會의 決議를 거쳐야 한다.
1. 宗憲 宗法 改正案, 宗法案
2. 敎育院長, 布敎院長, 護戒院長, 護戒委員, 法規委員, 中央選擧管理委員, 訴請審査委員 選出
3. 元老會議 議員 推薦
4. 豫算案, 決算書, 院有財産 處分案
5. 敎區劃定에 關한 事項
6. 懲戒의 赦免, 輕減, 復權에 對한 同意事項
7. 總務院長, 敎育院長, 布敎院長 不信任 決議. 다만, 在籍議員 3分의 2 以上의 贊成으로 한다.
8. 各級 宗務機關에 對한 監査
9. 護法部長 任命 同意
10. 中央宗會 議員 懲戒
11. 直營寺刹과 特別分擔寺刹 指定에 關한 事項
12. 宗務委員 解任 建議
13. 宗憲 宗法에 依해 中央宗會의 權限에 屬한 事項
14. 기타 重要하다고 認定하는 事項

이러한 중앙종회의 권한을 분류하자면 입법에 관한 권한, 재정에 관한 권한, 종헌기관 구성에 관한 권한, 종무통제에 관한 권한 등으로 나누어볼 수 있다.

(1) 입법에 관한 권한

종헌 개정에 관한 권한, 종법 제정과 개정에 관한 권한 등이 있다.

(2) 재정에 관한 권한

재정은 종무기관이 그 업무상의 수요를 충족하기 위하여 필요한 재원을 조달하고 재산을 관리, 사용, 처분하는 일체의 행위인데, 비록 종무기관과 관련한 사항이지만 분담금, 교무금 등 종도의 권리, 의무에 많은 영향을 미치므로 종헌은 종도의 대의기관인 중앙종회에 재정에 관한 권한을 부여하고 있다. 분담금, 교무금의 종류와 책정 기준 등은 종법으로 정하며[24](종헌 제121조) 중앙종정기관의 예산은 중앙종회에서 편성한다. 예산은 1회계연도에 종단 중앙종정기관의 세입 세출의 예정 계획을 내용으로 하고, 중앙종회의 의결로써 성립하는 법규범의 일종을 말한다. 또 중앙종회는 중앙종정기관의 재정 집행 결과인 결산에 대한 승인권을 가진다. 그 밖에도 불교중앙교원 보유 재산 처분에 대한 승인, 직영사찰과 특별분담사찰 지정에 관한 사항도 재정에 관한 권한이라고 할 수 있다.

---

24 종헌에는 분담금, 교무금의 책정 기준을 종법으로 정하도록 하고 있다. 즉 종법의 근거가 없이는 분담금이나 교무금을 부과하거나 징수할 수 없고, 종도는 그 납부를 요구받지 않는다는 원칙이다. 그런데 현행 분담금납부에 관한 법에는 분담금 책정 기준이 규정되어 있지 않다. 분담금이나 교무금의 종류, 책정 기준을 종법으로 정하도록 한 것은 종도 일반에게 재산상의 부담을 주는 분담금과 교무금을 종도의 대의기구인 중앙종회에서 정하도록 한 것이며, 그 내용으로는 분담금의 종류와 부과 기준을 종법이라는 형식으로 정하는 것과 그 요건이 포괄적이거나 모호하지 않고 분명할 것을 원칙으로 한다. 따라서 분담금 기준을 포괄적으로 종령에 위임하고 있는 현행 종법은 종헌에 합치하지 않는 문제가 있는 것으로 보인다. 조세법률주의를 규정하고 있는 국가의 경우 납세의무자, 과세대상, 과세표준, 과세절차까지 법률로 정하고 있다.

(3) 종헌기관 구성에 관한 권한

총무원장선거인단이 되며, 교육원장, 포교원장, 호계원장, 호계위원, 법규위원, 중앙선거관리위원, 소청심사위원을 선출하며, 원로회의 의원을 추천하는 등 종헌에 규정된 주요 종정기관을 구성하는 권한이 중앙종회에 부여되어 있다.

(4) 종무 통제에 관한 권한

종법이나 예산을 통한 종무 통제 외에도 각급 종무기관에 대한 감사권, 각급 종무기관의 종무원을 중앙종회에 출석시켜 보고를 받을 권한, 중앙종무기관의 장에 대한 불신임, 종무위원 해임 건의권, 징계의 사면, 경감, 복권 동의권 등을 통해 중앙종회에는 종무기관을 통제하는 권한이 부여되어 있다.

6) 중앙종회 의원의 지위와 특권

(1) 임기와 겸직 금지

중앙종회 의원은 총무원장, 교육원장, 포교원장, 호계위원, 법규위원, 선거관리위원, 총무원 국장급 이상, 교구본사 주지, 특별분담사찰 주지, 교구종회 의원을 겸직할 수 없다.

종회의원에게 겸직 금지의 의무를 부과하는 이유는 정치력이 있는 소수에게 권력이 집중되는 것을 방지하고, 보다 많은 종도들이 소임을 나누어 맡음으로써 대중적으로 종단 운영에 참여하는 기회를 넓히고 종단의 청정함을 유지하며 종단의 민주적 운영을 도모하기 위함이다.

(2) 면책특권(免責特權)

중앙종회 의원은 중앙종회에서 직무상 행한 발언과 표결에 대하여 중앙종회 밖에서 책임을 지지 아니한다(종헌 제37조).

면책특권은 중앙종회 의원에게만 해당하므로 중앙종회 회의에서 종무보고를 하거나 참관하는 종무원의 발언은 면책특권의 대상이 아니다.

직무상 행한 발언이므로 개인적인 담화, 욕설 등은 해당되지 않는다. 중앙종회에서 행한 발언이란 중앙종회 의원으로서의 활동 과정에서 행한 발언이므로 본회의, 상임위원회, 특별위원회뿐만 아니라 종무감사중인 경우 종무감사 장소에서 직무상 행하는 발언 등도 중앙종회에서의 발언에 해당한다.

중앙종회 밖에서 책임을 지지 않는다는 것은 그 발언으로 인하여 종단의 사법기관에 제소되지 않는다는 것이다. 국가의 사법기관에 민형사상으로 제소하는 경우에는 어떻게 될까? 종단 내부문제의 경우 종단의 자율성을 존중하여 종단의 내부적 결정을 인정하는 것이 대법원의 확고한 판례이고, 이 문제에 적용할만한 종단의 내부 규정이 없는 경우에는 사법기관이 보충적으로 개입할 여지가 있지만 이미 종단의 규정이 완비되어 있으며, 국가의 경우에도 국회의원의 정당한 의사활동을 보장하기 위한 면책특권이 인정되는 점 등을 감안할 때 국가의 사법기관 또한 종단의 규정을 존중하고 인용할 것으로 본다.

(3) 징계유보 특권(懲戒留保特權)

중앙종회 회기 중에는 중앙종회 의원에 대한 호법부의 조사와 호계원의 징계 심사는 진행하지 못한다(종헌 제38조 제1항). 이는 종도의 대표자로서 중앙종회 의원의 활동을 보호해주기 위함이다. 그러나 이는 다만 중앙종회 회기 동안 징계 조사나 심사를 유보하는 것일 뿐이어서 중앙종회 회기가 끝난 경우에는 이 특권이 효력을 미치지 않는다.

중앙종회 의원의 징계는 중앙종회의 동의를 얻어야 한다(종헌 제38조 제2항). 이 규정은 중앙종회의 자율적인 활동을 보장하기 위한 장치이다. 호법부의 조사와 호계원의 징계 심사를 거쳐 징계가 결정되었다고 하더라도 중앙종회의 동의가 없으면 징계의 집행이 유보된다. 중앙종회 의원의 임기가 만료하였거나 중앙종회에서 징계 집행을 동의하면 그때부터 징계가 집행된다.

총무원

> **第51條** 本宗의 中央宗務行政機關으로 서울特別市에 總務院을 둔다.

　　총무원은 조계종단의 중앙 종무행정기관으로, 국가의 정부에 준하는 위상이라고 할 수 있다.

1) 총무원장

> **第54條** ① 總務院長은 本宗을 代表하고 宗務行政을 統理한다.
> ② 總務院長은 中央宗會에 宗憲 宗法 改正案, 宗法案을 提出할 수 있다.
> ③ 總務院長은 宗法에서 委任받은 事項과 宗法을 執行하기 위하여 必要한 事項에 關하여 宗令을 發할 수 있다.
> ④ 總務院長은 宗憲 宗法이 定하는 바에 따라 總務院 任職員과 各 寺刹의 住持를 任免한다.
> ⑤ 總務院長은 宗憲 宗法이 定하는 바에 따라 宗團과 寺刹에 屬한 財産을 監督하며, 그 處分에 있어서 承認權을 가진다.
> ⑥ 寺刹이 財産을 處分하고자 할 境遇에는 總務院長은 妥當性 與否에 對한 監査機關의 事前 調査를 거쳐 承認하여야 한다.
> ⑦ 總務院長은 宗憲 宗法이 定하는 바에 따라 特別分擔寺刹과 直營寺刹 等 重要寺刹의 豫算承認權 및 豫算調整權을 가진다.
> ⑧ 總務院長은 宗憲 宗法이 定하는 바에 따라 敎育, 布敎, 譯經, 福祉, 文化事業을 施行하기 위하여 中央宗會의 議決을 거쳐 特別分擔寺刹 및 直營寺刹을 指定할 수 있다. 直營寺刹의 住持는 宗憲 第99條의 規定에도 不拘하고 任期年限을 두지 아니한다. 直營寺刹과 特別分擔寺刹의 指定 및 運營에 관한 事項은 宗法으로 定한다.
> ⑨ 總務院長은 懲戒의 赦免, 輕減, 復權 및 宗法이 定하는 바에 따른 褒賞을 宗正에게 稟申할 수 있다.

(1) 총무원장의 지위 — 종단 수반

총무원장은 종단을 대표하는 종단 수반으로서의 지위, 종무행정을 통리하는 행정부 수반으로서의 지위를 가진다.

① 종단 수반의 지위를 둘러싼 갈등의 역사

조계종단은 통합종단이 출범한 이래 적지 않은 시간 동안 종정을 종단 수반으로 하는가, 총무원장을 종단 수반으로 하는가를 두고 내홍을 겪었다. 1962년 통합종단이 출범할 때의 종헌에서는 종정이 종단을 대표하고 계단을 지정하고 포상과 징계를 행하며, 종단 직원과 사찰 주지를 임면하고 사찰과 종단 재산을 관리하며 처분 승인권을 행사하고, 종법을 제정하고 필요한 사항에 관하여 종령을 발하도록 규정하였다. 종정은 법통의 상징일 뿐만 아니라 종무행정의 최고책임자였다. 반면 총무원장은 중앙종회에서 선출하고 종정이 임명하였으나, 종정을 보좌하고 종정 궐위시 그 권한을 대행하는 정도로 비중이 미미하였다.

1975년 12월 3일 개정 공포된 종헌에서는 총무원장 선출 절차가 바뀌었는데, 총무원장은 종정이 지명하고 중앙종회가 동의하여 종정이 임명하는 것으로 규정하였다. 종정이 지명하여야 총무원장이 되므로 종정의 영향력이 더욱 강화되었다.

1977년 11월 13일 개정 공포된 종헌에서는 종정은 본종을 대표하며 대표권의 행사와 종무행정의 통리권은 총무원장이 행한다(종헌 제19조)고 하여 총무원장 중심제로 전환하고 있다. 종정의 직무상 권한은 이전 종헌과 같지만, 그 직무를 총무원장이 대행하며, 종무행정을 통리하고 총무원을 대표한다고 규정하여(종헌 제49조) 종정을 종무행정의 실무에서 배제하고 있다. 총무원장 선출 절차도 중앙종회가 선출하고 종정이 임명하도록 함으로써 종정의 영향력을 줄이고 있다.

1978년 9월 8일 개정 공포된 종헌은 총무원장 중심제를 더욱 강화하고 있는데, 종정은 본종의 신성을 상징하며, 종무행정에 관여하지 아니하고 책임을 지지 아니한다. 종정(宗政)에 속한 모든 권한은 총무원장이 행한다(종헌 제19조)고 하고, 총무원장이 종단을 대표함을 명시하였다(종헌 제49조).

1981년 1월 8일 개정 공포된 종헌에서는 형식적으로 나열되어 있던 종정의 직무 규정을 모두 삭제하고, 총무원장과 호계위원장 임명권, 사면권만 존치하였다. 총무원장은 종단을 대표하고 종무행정을 통리하며, 그동안 종정의 권한을 대행하였던 것에서 변화하여 이제는 총무원장의 권한으로 종법을 공포하고 종령을 발하며, 종무원과 주지를 임명하게 되었다(종헌 제44조).

1984년 8월 18일 개정 공포된 종헌에서는 종정이 다시 종단을 대표하며, 총무원장은 총무원을 대표하는 것으로 규정되었다. 종정에게 이전 종헌과 같은 실무적 권한을 부여하고 있지는 않다는 점에서 종정의 상징성을 강화한 것으로 보인다.

1988년 3월에 개정하고 5월에 공포한 종헌에서는 종정은 종단의 신성을 상징하며 종단을 대표하는 수반의 역할은 다시 총무원장에게 돌아갔다. 나아가 종정의 권한이었던 징계의 사면, 경감, 복권도 총무원장의 권한이 되었으며, 종정은 포상권을 가질 뿐이었다.

그 이후 지금까지 종헌 규정상으로 종단의 수반으로 종단을 대표하고 종무행정을 통리하는 것은 총무원장의 역할이었고, 종정은 종단의 신성을 상징하는 역할이었다.

② 종단 수반으로서의 지위와 권한

총무원장은 종단의 수반으로서 대외적으로 종단을 대표하며(종헌 제54조 제1항), 종정(宗政)을 통합하고 조정하는 역할로 임시종회 소집을 요구할 수 있으며(종헌 제39조 제1항) 종헌 종법 개정안과 종법 제정안을 제출하고(종헌 제54조 제2항), 징계의 사면, 경감, 복권과 포상의 품신에 관한 권한(종헌 제54조 제9항) 등을 가진다.

③ 행정부 수반으로서의 지위와 권한

총무원장은 종무행정을 통리하는 행정부 수반으로서 행정입법권(종헌 제54조 제3항)을 가지며, 총무원을 구성하고(종헌 제52조 제5항), 종무회의의 의장이 되며(종헌 제55조 제3항), 종무원을 임면하고, 종헌과 종법이 정하는 바에 따라 각 사찰의 주지를 임면한다(종헌 제54조 제4항). 종단과 사찰에 속한 재산을 감독하고 처분 승인권을 가지며(종헌 제54조 제5항), 중요 사찰의 예산 승인권과 조정권을 가진다(종헌 제54조 제7항).

④ 총무원장 권한 대행

총무원장이 궐위된 때는 30일 이내에 재선거를 실시하며(총무원장선거법 제28조), 새로운 총무원장의 임기가 시작될 때까지 총무부장, 기획실장, 재무부장, 문화부장, 사회부장, 호법부장의 순으로 그 권한을 대행한다(총무원법 제10조). 총무원장의 임기가 만료되었으나 새로운 총무원장이 선출되지 못하였거나 임기를 시작하지 못한 경우, 판결 등의 사유로 총무원장이 자격을 상실한 경우에는 중앙종회에서 권한 대행자를 선출하여 권한을 대행하게 한다. 중앙종회에서 권한 대행을 선출하기 전까지는 총무부장, 기획실장 등의 순으로 총무원장의 권한을 대행한다.

(2) 총무원장 선출

우리 종헌은 총무원장 선출과 관련하여 간접선거에 의한 선출과 원로회의의 인준이라는 두 가지 절차를 규정하고 있다.

① 총무원장 후보 자격

조계종단에 승적을 유효하게 가지고 있는 비구로서 승랍 30년 이상, 연령 50세 이상, 법계 2급 이상인 자는 총무원장 후보자가 될 수 있다. 다만 종헌 제9조 제3항에 해당하는 승려, 징계중인 승려, 호계원 판결이나 종법에 의해 피선거권이 제한된 승려는 총무원장 후보자가 될 수 없다.

② 총무원장 선거인

재임중인 중앙종회의원과 각 교구종회에서 선출하는 10인으로 구성되는 선거인단에서 총무원장을 선출한다(**총무원장선거법 제8조**). 24개 교구별 10인과 81인의 중앙종회 의원을 합하면 총무원장 선거인단은 321명이다. 교구종회는 총무원장 선거일 전 15일부터 5일 사이에 총무원장을 선출할 10인의 선거인단을 선출한다(**교구종회법 제14조**). 이 10인에는 교구본사 주지가 포함된다.

③ 선거운동

중앙선거관리위원장은 선거일로부터 30일 전에 총무원장 선거를 공고하며, 총무원장 후보가 되려는 자는 선거일로부터 10일 전부터 3일간 중앙선거관리위원회에 서면으로 후보 등록을 한다.

후보 등록 순서에 따라 입후보자의 기호가 결정된다(**선거관리위원회 시행규칙 제12조**).

선거 기간 중 중앙선거관리위원회는 교계 신문에 총무원장 입후보자의 신상 명세와 종책을 1회에 걸쳐 종단의 비용으로 게재한다. 이는 총무원장 선거를 보다 공명하게 하기 위하여 선거공영제를 일부 도입한 것이다. 문중이나 개인의 재력과 영향력보다 식견과 능력을 갖춘 승려가 총무원장이 될 수 있도록 선거공영제는 보다 확대 시행될 필요가 있다.

④ 투표와 당선인 결정

투표는 선거인 1인당 1표를 무기명 직접 비밀로 투표한다. 후보자는 2인 이내의 참관인을 선정하여 투표를 참관하게 할 수 있다. 투표가 종료하면 개표를 실시하는데, 선거인단 재적 과반수의 득표자가 없는 경우에는 최고 득표자와 차순위 득표자에 대한 재투표를 실시한다. 재투표를 하여도 선거인단 재적 과반수의 득표자가 없는 경우에는 결선투표를 실시하여 더 많은 표를 얻은 후보를 당선인으로 결정한다.

그런데 결선투표에서조차 득표가 같을 때는 승랍이 더 높은 후보, 승랍이 같을 경우 연령이 더 많은 후보를 당선인으로 결정한다.

⑤ 선거 질서

선거 운동 기간 중 각 후보자는 금품 수수, 물품 제공, 타 후보에 대한 인신공격 등 비승가적 행위를 해서는 안 되며, 각종 집회를 개최하거나 기부를 권유하거나 요구하는 행위 기타 선거관리위원회의 선거 규칙을 위반하는 행위를 하여서는 안 된다(총무원장선거법 제16조).

당선을 목적으로 한 일체의 금품이나 재산상의 이익, 사찰의 주지직 등을 제공하거나 제공하기로 약속하는 자, 후보자 또는 당선인에게 청탁하는 자는 징계에 처할 수 있다(총무원장선거법 제26조). 각급 종무기관은 총무원장

선거 기간 중 선거 운동에 개입해서는 안 되며[25](총무원장선거법 제5조), 직권을 이용하거나 기타 불법적인 방법으로 선거 업무를 방해한 자는 징계에 처할 수 있다(총무원장선거법 제30조).

⑥ 선거제도 도입의 의미

조계종단에서는 그동안 총무원장을 종정이 지명하거나 중앙종회에서 선출하는 방식으로 정하였는데 그 과정에서 많은 문제점이 노정되었다. 종정이 총무원장을 지명할 경우 총무원장은 전체 종단보다 종정을 더 신경 쓰지 않을 수 없을 것이다. 중앙종회에서 선출할 경우 중앙종회 내부의 유력한 계파나 문중의 영향력이 총무원장의 식견과 능력보다 더 중요하게 작용하게 되고 그로 인하여 금품 수수, 이권 청탁 등 많은 비위가 나타나게 되었다. 그뿐만 아니라 소수에 의해 총무원장이 정해지다보니 소수의 정치적 입김이나 물리력에 의해서도 총무원장은 흔들리게 되어 1994년 종단 개혁불사 이전까지 총무원장의 평균 재위 기간은 1년도 되지 않았다.

이에 따라 개혁불사 당시 종단은 무엇보다도 종정기관의 안정을 위한 선출 방안을 고민하였으며, 그 결과 나타난 것이 선거제도의 도입이었다. 보다 많은 종도들이 선거 과정에 참여하여 종단의 정통성을 부여함으로써 소수가 종단을 좌지우지하거나 종권을 흔드는 것을 방지하기 위한 것이었다. 선거 제도가 종단의 역사와 전통에 비추어 적절한 제도인가에 대한 많은 비판이 있었지만, 총무원장 선거인단의 확대, 중앙종회 의원의 직접 선거를 통한 선출 결과 종단은 급속도로 안정되었고, 소수의 정치력이나 물리력

---

25 중앙종정기관 구성원이나 교구본사 주지 등이 총무원장 후보 지지를 선언하거나 선거운동 조직 출범식에 참석하여 직간접적으로 지지를 표현하는 것은 종무기관의 선거운동 개입으로 중립의무를 위반한 것이다.

행사에 의해 총무원장이 물러나는 일은 이제 가능하지 않게 되었다.

다만 선거와 관련한 금품수수 등의 문제는 여전히 해결되지 않았는데, 이것은 선거제도 때문에 새롭게 생긴 현상이 아니라 그 이전부터 있었던 잘 못된 관행을 아직 바로잡지 못한 것이다.

어떤 제도든 그 자체로 좋거나 그 자체로 나쁜 것은 없으며, 시대적 상황 속에서 일정한 필요에 의해 채택되기도 하고 버려지기도 하는 것이다. 선거 제도 또한 조계종단의 시대적 상황에서 필요하였기에 채택된 것이며, 여러 비판에도 불구하고 과거보다 더 좋은 종단으로 변모시키는 데 기여했다.

선거제도가 승가운영에 있어서 가장 적합한 제도라고 말할 수는 없다. 그런 의미에서 앞으로 종도의 종단 참여 자세가 보다 성숙되고, 승가의 합 의 정신이 공명정대한 절차를 통해 이루어지며, 정의롭지 못한 행위들이 적 절히 감시되고 합당한 응분의 조치를 통해 규제된다면 선거제도 이외의 다 른 제도를 도입하는 것도 가능할 것으로 본다.

2) 종무회의

第55條　① 宗務會議는 總務院의 權限에 屬하는 重要한 宗策을 審議 議決한다.
　　　　② 宗務會議는 總務院長, 總務院 各 部長, 室長으로 構成한다. 다만, 敎育院 및 布敎院의 部長은 宗務會議에 參與하여 意見을 開陳할 수 있다.
　　　　③ 總務院長은 宗務會議의 議長이 된다.

종무회의는 총무원장의 하급기관이 아니라 종헌상 필수기관이고 중앙 종무기관의 최고 심의 의결기구이다. 총무원장은 종무회의의 의장이 된다.

종무회의의 소관 사항은 종헌 종법 개정안, 종법안, 종령안, 중앙종정기관의 예결산, 종무행정의 기본 계획과 총무원 각 부서의 업무계획, 종단 재산 처분에 관한 사항, 사찰의 예산 및 기채 승인에 관한 사항, 중요 사찰의 예산 조정에 관한 사항, 특별분담사찰과 직영사찰의 지정에 관한 사항, 총무원 각 부서장과 사찰 주지 임명에 관한 사항, 교구획정에 관한 사항, 징계의 사면, 경감, 복권과 포상에 관한 사항, 종단 사업에 관한 사항, 중앙종무기관의 감사 및 업무 조정에 관한 사항, 종헌 종법에 의하여 총무원에 속한 사항, 교육원과 포교원에서 부의한 사항, 기타 중요 종책에 관한 사항 등이다(총무원법 제9조). 그 내용은 사실상 총무원장과 중앙종무기관의 소관 업무 전반에 걸치며, 그 밖의 중요 종책에 관한 사항도 심의 의결할 수 있다고 규정하고 있어서 종무회의의 소관 사항은 제한이 없다.

종무회의는 재적 과반수의 출석과 출석 과반수의 찬성으로 의결한다. 교육부장과 포교부장은 소관 업무와 관련하여 종무회의에 출석하여 발언할 수 있으며, 의안을 제출할 수 있다(총무원법 제8조).

3) 총무원 각 부서

중앙 종무행정기관으로서 총무원에는 총무부 · 기획실 · 재무부 · 문화부 · 사회부 · 호법부를 두며, 부 산하에 국, 과를 둔다.

(1) 총무부

총무부의 다음의 사무를 관장하며, 이를 위하여 총무국을 둔다(총무원법 제12조).

① 종무회의에 관한 사항

② 종헌, 종법, 종령 등 각종 법규의 공포 및 시행에 관한 사항

③ 종무원 인사에 관한 사항

④ 문서 수발, 문서 보관, 직인 보관에 관한 사항

⑤ 사찰 사무의 지도 감독과 사찰 사무의 인수 인계에 관한 사항

⑥ 포상에 관한 사항

⑦ 제증명 발급에 관한 사항

⑧ 직할사암 관리에 관한 사항

⑨ 직영사찰에 관한 사항

⑩ 특별분담사찰에 관한 사항

⑪ 종단의 소송에 관한 사항

⑫ 승적에 관한 사항

⑬ 다른 기관 및 부서 소관에 속하지 아니하는 종단의 각종 법인체에 관한 사항

⑭ 기타 타부서에 속하지 않은 사항

⑮ 사찰 및 포교원 등록, 관리 감독 및 등록 취소에 관한 사항

⑯ 법요와 의식에 관한 사항

⑰ 종단 산하 각종 단체 및 법인 등록에 관한 사항

(2) 기획실

기획실에는 기획국과 법무감사국을 둔다.

기획국의 업무는 다음과 같다(총무원법 제13조)

① 종무행정 전반에 관한 연구 기획

② 종단 사업계획, 예산편성 및 운영에 대한 기본계획 수립

③ 종단의 기본계획과 장단기적 발전계획

④ 각종 통계 및 자료수집에 관한 연구 사항

⑤ 종단 사업의 홍보에 관한 사항

⑥ 종단의 제도개혁에 관한 연구 기획

⑦ 기타 종헌, 종법, 종령에 의하여 기획 업무에 속한 사항

⑧ 중앙종무기관간의 업무 협조와 조정에 관한 사항

⑨ 종헌·종법·종령 등 제반 법규의 제·개정에 관한 기획사항

법무감사국의 업무는 다음과 같다(총무원법 제14조)

① 교구본사, 직영사찰, 특별분담사찰, 중요 문화재보유사찰에 대한 재무
   감사

② 사찰 재산 처분의 타당성 조사

③ 중앙종무기관 및 산하기관의 감사

④ 중앙종무기관과 그 산하기관 및 지방종무기관에 대한 법무 지원

⑤ 중앙종무기관과 그 산하기관 및 지방종무기관이 중대한 재정적 문제로
   사회적 물의가 있는 경우 특별감사

(3) 재무부

재무부에 재무국을 두며, 다음의 업무를 관장한다(총무원법 제15조).

① 종단 재정에 관한 사항

② 종단 재산 관리에 관한 사항

③ 재산처분에 관한 사항

④ 종단(중앙) 청사 신, 개축 및 관리에 관한 사항

⑤ 경리 회계에 관한 사항

⑥ 비품 관리 및 영선에 관한 사항

⑦ 직영사찰, 특별분담사찰 예산의 승인 및 조정에 관한 사항

⑧ 각 사찰 재산 처분과 기채승인 및 장기임대에 관한 사항

⑨ 분담금 업무에 관한 사항

⑩ 종단 수익사업에 관한 사항

⑪ 기타 종단 재정에 관한 사항

(4) 문화부

문화부에 문화국을 두며 다음의 업무를 관장한다(총무원법 제16조).

① 불교문화예술의 진흥 육성에 관한 사항

② 불교문화예술단체의 관리, 감독에 관한 사항

③ 성보 및 문화재의 보존, 관리에 관한 사항

④ 성보보존위원회 구성 및 운영에 관한 사항

⑤ 불교문화예술의 발굴 및 조사, 계승에 관한 사항

⑥ 불교문화예술의 국내외 교류에 관한 사항

⑦ 불교예술 기능인 양성에 관한 사항

⑧ 방송, 언론에 관한 사항

⑨ 문화재보유사찰의 확대 지정 업무에 관한 사항

⑩ 종단 문화행사에 관한 사항

(5) 사회부

사회부에 사회국을 두며 다음의 업무를 관장한다(총무원법 제17조).

① 사회활동과 그 부대사업에 관한 사항(인권, 환경, 여성, 통일, 노동, 재해 구조 등)

② 불교사회단체 관리 · 감독에 관한 사항

③ 사찰 환경 보존에 관한 사항

④ 승려복지에 관한 사항

⑤ 사회복지에 관한 사항(아동, 장애인, 부녀, 노인복지 등)

⑥ 종단 산하 각종 사회복지시설 및 단체의 설립, 운영 및 관리, 감독에 관한 사항

⑦ 종단 위탁시설 유치 및 관리, 감독에 관한 사항

⑧ 사회복지재단의 관리, 감독에 관한 사항

⑨ 국제불교 교류에 관한 사항

(6) 호법부

호법부에 호법국, 조사국을 두며, 다음의 업무를 관장한다(총무원법 제18조).

① 각급 종무기관의 종무상의 비위 조사

② 종무원의 직무상의 비위 조사

③ 승규에 관한 사항

④ 징계의 사면, 경감, 복권에 관한 사항

⑤ 징계 회부에 관한 사항

⑥ 징계 확정자에 대한 징계업무 시행에 관한 사항

⑦ 법령에 의하여 호법부에 속한 사항

5

교육원

중앙종무기관 3원 체제의 의미

종래 중앙종무기관은 총무원이었지만, 1994년 종단 개혁불사 때 개혁 회의는 총무원의 기능 가운데 승가 교육을 떼어 교육원을 창설하고, 신도 교화와 조직화를 떼어 포교원을 창설함으로써 중앙종무기관으로 3원이 병립하는 체제가 만들어졌다. 별원으로 교육원과 포교원을 창설한 이유는 총무원은 비교적 정치성이 강한 기관이어서 종단의 백년대계인 승가교육이나 복잡 다양해지는 신도 교화 사업을 안정적으로 수행하기에 부족함이 있다고 판단하였기 때문이다. 20세기 후반 불교 교단은 일제 식민지의 잔재를 청산하고 양적 발전을 이루었으나 타종교가 폭발적으로 성장하면서 사회적 영향력을 확대한 것과는 비교할 수 없는 수준이었다. 불교 신도는 정체되고 노령화되었으며, 승가는 일제 강점기와 해방 이후 통합종단이 출범하기까지 정화불사 과정에서 남겨진 역사적 부채를 극복하고 사회의 지도자이면서 올바른 수행자인 승가로 변모해야 하는 시대적 과제를 안고 있었다. 이러한 승가 교육과 신도 교화가 종단의 정치적 상황에 영향 받지 않고 안정적으로 이루어지기 위해 조직과 재정을 분리한 이유이다.

총무원이 행정 조직과 재정, 질서 등 종단이 존속하기 위한 필수적이고 기본적인 기능을 중심으로 하고 있다면 교육원과 포교원은 사람을 길러내고 조직하는 역할을 맡고 있다. 그러므로 3원이 조화롭게 그 역할을 충실히 이행해야만 종단 발전이 가능한 것이다. 어느 한쪽으로만 치우쳐서는 안 된다.

> **第58條** 本宗의 敎育 業務를 管掌하기 위하여 敎育院을 둔다.

　교육원은 조계종단의 교육행정기관이다. 교육원에는 교육원장, 교육부, 불학연구소가 있다.

1) 교육원장

　교육원은 총무원과 조직, 재정이 분리되어 실제는 다를 수가 있으나, 법적으로는 3원체제로서 대등한 위치를 점한다고 말할 수 있다. 교육원을 대표하고 종단의 승가 교육과 역경에 관한 제반 업무를 통할하는 교육원장의 선출 절차는 총무원장 선거에 비해 간소하며, 명령권과 재정권 등에서 총무원장보다 다소 권한이 축소되어 있다.

① 자격
　교육원장은 승랍 30년 이상, 연령 50세 이상, 법계 종사 이상의 비구로서 행해가 청정하고 학덕이 탁월하며 교육에 관한 높은 식견과 경험이 있는 자로서 총무원장의 추천으로 중앙종회에서 선출한다.

② 임기
　교육원장의 임기는 5년이며, 1차에 한하여 중임할 수 있다. 교육원장(5년)과 총무원장(4년)의 임기를 달리 한 이유는 총무원의 정치적 변동에 영향을 적게 받도록 하여 종단의 도제 양성이 안정적으로 이루어지도록 하기 위함이다.

③ 권한

교육원장은 교육원 소속 종무원을 임면하고, 교육원 산하 각급 교육기관을 관리 감독하며, 교육에 관한 종법 제정안과 개정안을 제출하고, 교육에 관한 종령안을 총무원 종무회의에 부의하며, 교육원 예산안을 편성하고,[26] 중앙종회에서 편성된 교육원 예산을 집행하며, 종정에게 포상을 품신한다.

교육원장이 궐위시에는 교육부장, 불학연구소장의 순으로 그 직무를 대행한다.

2) 교육부의 업무

(1) 교육부 교육국의 업무 (교육법 제21조)

  1. 교육원회의 등 교육원 주요 회의의 관리

  2. 교육위원회의 사무에 관한 사항

  3. 교육원 인사, 예산, 회계, 서무, 포상에 관한 사항

  4. 승려교육 종책 기획 및 추진에 관한 사항

  5. 승려교육 관련 종법령 제개정에 관한 사항

  6. 각급 승가고시 시행에 관한 사항

  7. 기초(행자) 교육에 관한 사항

---

26 현행 교육법 제12조 제5호에는 교육원장의 권한으로 교육원 예산의 편성 및 집행권이 규정되어 있는데, 이는 종헌 규정과 상치된다. 중앙종무기관의 예산 편성권은 중앙종회의 권한으로, 교육원장은 중앙종회에 부의할 예산안을 편성한다. 또 중앙종회가 편성한 예산을 집행할 권한을 가진다. 따라서 제5호는 '(중앙종회에 부의할) 교육원 예산안의 편성 및 (중앙종회에서) 편성된 예산의 집행권'이라고 수정할 필요가 있다. 포교법 제17조 제1항도 마찬가지의 오류가 있다.

8. 기본교육에 관한 사항

9. 기본선원에 관한 사항

10. 전문교육, 특수교육에 관한 사항

11. 각종 승려 교육기관 교직자 관리 및 육성에 관한 사항

12. 학인, 종비생, 장학승 선발 및 지원에 관한 사항

13. 외국인 승려 교육에 관한 사항

14. 기타 승려교육과 관련된 사항

(2) 교육부 연수국의 업무 (교육법 제22조)

1. 연수계획에 관한 사항

2. 연수원의 지휘 감독에 관한 사항

3. 연수원의 업무 지원에 관한 사항

4. 연수의 평가에 관한 사항

5. 일반연수, 직무연수, 직능연수에 관한 사항

6. 특수전문강당 교육 및 관리 운영에 관한 사항

7. 기타 각종 연수교육에 관한 사항

3) 불학연구소의 업무 (교육법 제23조)

1. 종지 종풍 등 종단 정체성 확립에 대한 연구

2. 불교학 발전에 필요한 제반 연구

3. 조계종 종전(宗典)에 대한 연구와 편찬

4. 조계종사에 대한 연구와 편찬

5. 종단 교육기관 교재 연구와 편찬

6. 종단 교육기관 교과과정에 대한 연구와 개발

7. 종단 수행법 연구와 지침서 발간

8. 학술정보 및 불교학자 DB 구축과 관리

9. 불교학 진흥을 위한 지원 사업

10. 종단 교수아사리 지원 사업

[종단의 교육 체계]

기초교육 (행자교육)	기초교육은 행자교육이다. 행자는 승려가 되기 위하여 발심 출가한 자를 말하는데, 이 행자가 승려의 기본 자질을 갖추어 사미(니)계를 수지할 수 있도록 하기 위하여 실시하는 교육 과정을 기초 교육이라 한다.
기본교육 (사미교육)	행자교육을 이수하여 사미(니)계를 수지한 자가 승려로서 필요한 자질을 갖추며 세상의 지도자로서 지혜와 원력을 함양하도록 하기 위하여 실시하는 의무 교육 과정을 기본교육이라 한다. 기본교육은 승가대학을 기본으로 하되,[27] 기본선원, 중앙승가대학교, 동국대학교 불교학부를 졸업한 때에도 기본교육을 이수한 것으로 한다.
전문교육	전문교육이란 기본교육을 이수하여 구족계를 수지한 승려가 보다 전문적이고 체계적으로 경율론 삼장을 연찬하는 교육 과정으로, 승가대학원과 율원이 있다.
특수교육	특수교육이란 불교문학, 불교미술, 불교음악(현대음악, 범패), 불교건축 등의 문화예술분야와 전법인력 양성 및 포교에 필요한 신문, 방송, 영상 등 전문분야에 관한 교육을 실시하는 과정이다. 현재 어산학교와 국제불교학교가 개설되어 있다.

---

27 승가대학은 기본 의무교육 기관으로(교육법 제65조) 현재 무상교육을 실시하고 있다. 그러나 중앙승가대학교, 동국대학교 불교학부는 졸업한 경우 기본교육 이수 자격을 인정하는 과정이어서 재학 학인들에게 상당한 장학 혜택을 제공하고 있기는 하지만 무상교육은 아니다.

| 재교육
(연수교육) | 연수교육은 승려가 지도자로서의 자질을 갖출 수 있도록 실시하는 각종 교육 및 연수, 교역직 / 일반직 종무원을 양성하고 역량을 강화하기 위한 제반 교육 연수를 말한다. |

포교원

第66條 宗團은 布敎 業務를 擔當하기 위하여 布敎院을 둔다.

포교원은 조계종단의 포교행정기관이다. 교육원과 마찬가지로, 종단의 정치적 변화가 종단의 핵심 과업 가운데 하나인 포교에 미치는 영향을 줄이고, 책임성 있게 일을 수행할 수 있도록 하기 위해 종단개혁불사 당시 별원으로 구성하게 되었다.

포교는 부처님의 가르침을 널리 홍포하여 중생을 교화하고, 지혜와 자비의 불타정신을 사회에 구현하여 불국정토를 건설하고자 하는 활동이다(포교법 제2조). 조계종단의 사부대중 모두는 포교할 권리와 의무를 가진다. 그런데 포교는 의지만 있다고 해서 잘 될 수 있는 것이 아니어서 대상을 잘 인도하기 위한 방법인 '방편' [29]을 갖추어야 한다. 이를 위하여 모든 사찰과 포교당의 주지, 신도단체 임원과 신도들은 포교 교육을 받아야 한다(포교법 제6조).

현대 우리 사회에서 불교의 사회적 위상과 영향력이 약화되는 중요한 이유 가운데 하나가 포교이다. 교단의 부흥이라는 측면에서 볼 때 포교는 원인이면서 결과라고 할 수 있다. 그동안 각급 종무기관과 사찰이 포교를

---

[29] 방편은 불보살이 중생을 해탈 열반으로 이끌기 위하여 사용하는 다양한 방법이다. 해탈 열반이라는 목적, 해탈 열반을 성취하는 과정으로서의 행위가 아니라면 방편이라고 할 수 없다.

일부러 하지 않는 것은 아니지만, 현대 사회와 맞지 않고 조직적이지 않은 포교로는 밝은 미래를 보장할 수 없다는 것을 확인하였다. 포교원은 포교 전문 조직으로서 포교 방편을 개발하고 현장에 적용하며 신도를 조직하여야 할 책무가 있다.

포교원은 조계종단의 포교행정 종무기관으로, 포교원장, 포교부, 포교연구실로 구성되며, 각급 신도단체와 포교단체를 관할한다.

1) 포교원장

① 자격

포교원장은 교육원장과 마찬가지로, 총무원장보다 선출 절차가 간소하고 권한이 축소되어 있다.

포교원장은 승랍 30년 이상, 연령 50세 이상, 법계 종사 이상의 비구로서 행해가 청정하고 학덕이 탁월하며 포교에 관한 높은 식견과 경험이 있는 자로서 총무원장의 추천으로 중앙종회에서 선출한다. 포교에 관한 식견과 경험을 자격 요건으로 한 것은 교육원과 포교원이 모두 특정 분야를 전담하는 전문 기구이므로 그 대표자를 그 분야의 전문가 또는 경험자로 선출하는 것이 전문성의 확보에 도움이 되기 때문이다.

한편 포교원장은 총무원장, 교육원장, 호계위원, 법규위원, 중앙선거관리위원, 중앙종회의원, 본사주지, 종단에서 설립한 법인체의 임직원〔(학교법인 승가학원(중앙승가대학교), 불교사회복지재단, 파라미타청소년협회 제외)〕의 직을 겸할 수 없다.

② 임기

포교원장의 임기는 5년으로 하며, 1차에 한하여 중임할 수 있다. 총무원
장과 임기를 달리한 것은 교육원장의 경우와 마찬가지로, 종단의 정치적 흐
름의 영향력을 줄임으로써 종단의 명운을 좌우하는 종책 사업이 최대한 안
정적으로 수행될 수 있도록 하기 위한 것이다.

③ 권한

포교원장은 포교원 종무원을 임면하고, 중앙종회에 부의할 포교원의
예산안을 편성하며, 중앙종회에서 편성한 예산을 집행할 권한을 가진다. 사
찰, 포교당 및 기타 불교단체 등의 포교 업무를 관할하며, 종정에게 포상을
품신하고, 포교사에 대한 징계, 포교에 관한 종법안 제출, 포교원 산하 교육
기관과 포교단체, 신도단체에 대한 지도 감독, 경승, 군승, 교법사, 포교사,
국제포교사, 전교사 등의 포교업무에 관한 지도 감독과 그 밖에 종법령에
의해 부여된 권한을 가진다.

2) 포교부

(1) 포교부 포교국의 업무
  1. 일반포교에 관한 사항
  2. 특수포교에 관한 사항
  3. 행사포교에 관한 사항
  4. 포교 지휘에 관한 사항
  5. 경승, 군승, 교법사, 포교사, 국제포교사, 전교사에 관한 사항

6. 본말사 포교국에 관한 사항

7. 포교원 내의 일반 사무에 관한 사항

8. 포교원 회의에 관한 사항

9. 문서수발, 문서보관, 직인보관에 관한 사항

10. 포교원의 경리 회계에 관한 사항

11. 포교원 내규의 개폐, 공포에 관한 사항

12. 포교원 인사처리에 관한 사항

13. 각종 자격관리 및 교육, 위계에 관한 사항

14. 군불교위원회, 경승단, 교법사단, 포교사단, 국제포교사회 등 조직
    관리에 관한 사항

(2) 포교부 신도국의 업무

1. 신도등록에 관한 사항

2. 신도교무금 납부에 관한 사항

3. 각급 신도교육 및 연수에 관한 사항

4. 각급 신도회 및 신도단체에 관한 사항

5. 각급 신도교육기관 관리 감독에 관한 사항

3) 포교연구실

1. 포교 전반에 관한 연구 기획

2. 포교의 기본 계획과 장단기적 발전 계획

3. 각종 통계 및 포교자료 개발 연구에 관한 사항

4. 포교 자료 연구 및 수집과 교재 발간에 관한 사항

5. 연수개발에 관한 사항

6. 포교매체 연구 개발에 관한 사항

호계원

第73條　① 宗團의 司法機關으로 護戒院을 둔다.

율장에서는 계율을 어겼을 때, 갈마를 통해 계율을 어겼음을 확인하고 일정한 절차의 참회를 하거나 혹은 대중에서 내보내도록 하고 있다. 그런데 일정한 지역에서 무리를 이루어 거주하는 현전승가 중심의 갈마와는 달리 조계종단은 지역적으로 국내뿐 아니라 해외까지 조직을 확장하고 있으며, 내용적으로도 대중 생활에서 발생하는 비행에 대한 징계 뿐만 아니라 다양하고 복잡한 기관간 분쟁까지 다루어야 하는 상황이다. 율장의 갈마제도를 그대로 적용하기 어려운 이러한 상황에 따라 조계종법에서는 전 종단을 포괄하는 사법 기관으로 호계원을 설치하여 징계와 분쟁 조정의 역할을 담당하도록 하고 있다.

1) 호계원의 지위

(1) 사법기관으로서의 지위

호계원의 지위는 종헌으로 명시된 사법기관(司法機關)으로서의 지위이다. 다만 경우에 따라 사법권의 예외가 있는데, 종회의원에 대한 징계는 중앙종회에서 하며, 행정처분에 대한 불복은 행정기관에 속한 소청심사위원회에서 먼저 다루도록 하고 있다. 종법이 종헌에 위배되었거나 종령, 규칙과 행정처분이 종헌 종법에 위배되는지의 여부, 각급 종무기관간 권한 쟁의에 관한 심판은 법규위원회에서 다루며, 종정은 총무원장의 제청으로 징계의 사면, 경감, 복권을 행할 수 있도록 하고 있다.

(2) 기본권 보장 기관으로서의 지위

호계원은 각급 종무기관이 개인이나 사찰의 이익을 부당하게 침해하였을 때 이를 구제할 수 있게 함으로써 종도의 기본적 권리를 보장하는 기관이다.

2) 사법의 독립성

조계종법에서 호계원의 독립성에 관한 명시적 규정은 없다. 그러나 ①중앙종정기관이 크게 입법권을 가진 중앙종회, 행정권을 가진 중앙종무기관, 사법권을 가진 호계원과 법규위원회로 삼분되어 있으며, 이 세 기능은 솥의 세 다리처럼 상호 독립적인 역할을 함으로써 종단이라는 솥을 지탱한다는 점, ② 종무기관의 처분으로 불이익을 받은 개인과 사찰을 구제하는 기능이 호계원에 부여되어 있는 점, ③ 호계원은 종헌과 종법에 따라 공평무사하게 심리 판결하여야 하며, 문중 · 정치 · 이익집단 등으로부터 영향을 받을 경우 공정한 심판을 기대하기 어렵다는 점에서 호계원의 독립성은 당연한 것이라고 하겠다.

(1) 호계원의 독립

호계원은 종헌과 종법에 따라 심리하고 판결하지만 이것은 법치주의의 요청이지 중앙종회에 호계원이 예속되는 것을 의미하는 것은 아니다. 호계원은 중앙종회나 중앙종무기관으로부터 독립성을 가져야 한다. 중앙종회는 호계원의 심판에 영향을 미치기 위한 목적의 입법이나 종무감사 등을 행하여서는 아니된다. 중앙종회 의원이나 중앙종무기관의 종무원이 호계위원을 겸직하는 것은 법리상 합당하지 않으며, 중앙종무기관이 호계원의 심판에 대해 간섭하거나 영향력을 미치는 것도 부당하다.

(2) 호계위원의 독립

호계원장과 호계위원은 종헌 종법과 관습과 상식에 따라 정의롭게 심리하고 판결하며,[30] 외부 작용에 영향을 받아서는 안 된다. 외부의 영향이란 다른 호계위원이나 문중, 종무기관, 그 밖의 사회적 정치적 세력이 심리와 판결에 영향을 미치는 것이다. 같은 맥락에서 호계위원은 자신의 양심에 따라 행한 심판 결과에 대해 징계 등의 책임을 지지 않는다.

호계위원은 심판의 당사자로부터 영향을 받아서도 아니되므로 호계위원이 심판의 당사자이거나 당사자와 특별한 관계에 있는 경우 등에는 심판에 참여하지 않을 수 있고, 당사자가 그 호계위원의 기피를 신청할 수 있다(호계원법 제10조).

호계원장과 호계위원은 중앙종회에서 선출하도록 되어 있고, 그 자격으로 법계 종사 이상(호계원장) 또는 대덕 이상(호계위원)의 율장과 청규 및 법리에 밝은 비구로 하고 있다.[31]

---

30 이때 종헌 종법과 자신의 상식이 충돌할 경우 종헌 종법이 우선한다.

3) 징계 심판의 원리

(1) 죄형법정주의

죄형법정주의는 법률이 없으면 죄도 없고 형벌도 없다는 것으로, 형사법의 기본 원칙이다. ① 명시적 규범이 아닌 관습 규범으로는 징계를 부과할 수 없다. ② 행위할 당시에 법규범에 의해 죄가 되지 않던 것이 이후에 새로운 규범이 생겨 죄가 될 경우, 이후에 생긴 규범으로 과거의 행위를 징계할 수는 없다. 다만 이미 징계를 받은 사람이 새로운 규범으로 인하여 징계 사유가 되지 않거나 감경될 수 있는 경우에는 새로운 규범을 적용한다(소급효 금지 원칙). ③ 법규범의 해석은 엄격하고 명확하여야 하며, 유추해석을 하여서는 안 된다.

(2) 죄

죄는 승려법 등에 규정된 범죄 대상 행위의 '구성요건에 해당하고 위법하고 책임 있는 행위'이다.

① 행위

행위에는 적극적으로 하는 것〔作爲〕뿐만 아니라 해야 할 것을 일부러 하지 않는 것〔不作爲〕도 포함된다.

이를테면 상습적으로 도박 행위를 하는 자의 경우 도박 행위를 하는 것〔作爲〕이 죄가 되지만, 종단의 행정 명령에 불응하는 자의 경우에는 해야 할

---

31 호계위원을 모두 중앙종회에서 선출하는 것은 호계원의 전문성과 중립성을 해치는 요소가 될 수 있다. 호계원장은 중앙종회에서 선출하고, 호계위원은 호계원장의 제청으로 중앙종회가 선출하는 등 제도의 보완이 요청된다.

행위를 하지 않는 것〔不作爲〕이 죄가 된다.

② 구성요건 해당성

죄가 되는 행위의 요건을 정의한 것을 구성요건이라고 한다. 이를테면 승려법 제46조 제5호에는 '집단으로 행각하면서 타인에게 폭력 행위를 하는 자'라고 규정되어 있다. 여기서는 첫째 집단일 것, 둘째 행각일 것, 셋째 타인에 대한 것, 넷째 폭력 행위가 있었을 것 등의 요건을 모두 갖추어야 구성요건에 해당하게 된다. 예를 들어 집단으로 행각하다가 집단 내부 갈등으로 집단 구성원 간에 폭력 행위가 일어났다면 그것은 이 조항의 구성요건에 해당하지 않는다. 타인에게 행한 폭력 행위가 아니기 때문이다.

③ 위법성

구성요건에 해당하는 행위가 조계종법의 규범 질서에 어긋나는 속성을 위법성이라고 한다. 구성요건에 해당하는 행위는 보통은 위법이다. 그런데 사회법에서는 몇 가지 경우에 위법성이 없다고 판단되어 정당성이 인정된다(위법성 조각사유).

첫째는 법령에 의한 행위나 업무로 인한 행위, 사회의 상식 규범에 어긋나지 않는 행위인 경우에는 정당한 행위로 본다. 둘째는 자기 또는 타인의 법익에 대한 현재의 부당한 침해를 막기 위한 정당방위인 경우, 셋째는 자기 또는 타인의 법익에 대한 현재의 위급하고 곤란한 상황을 피하기 위한 행위인 긴급피난의 경우, 넷째는 법이 정한 절차로는 권리를 보전하는 것이 불가능한 상황인 경우에 사회의 상식에 어긋나지 않는 범위 안에서 인정되는 자구행위, 다섯째는 처분할 수 있는 자가 승낙한 법익을 침해하는 행위인 피해자의 승낙인 경우이다.

④ 책임

책임능력은 법 규범에 따라 행위할 수 있는 능력 또는 위법한 행위를 한 것에 대한 비난을 감수할 수 있는 능력이다. 사회법적으로는 형사미성년자, 심신상실자의 행위는 벌하지 아니하고, 심신미약자, 농아자의 경우에는 형을 줄인다. 조계종단도 승려가 심신상실이나 심신미약 등에 해당하는 경우 그 행위에 대해 전적으로 책임을 묻는 것은 합당하지 않으므로 이에 대한 기준을 마련할 필요가 있다.

승려법 제48조 제7호에는 과실로 화재를 발생시켜 사찰 재산에 손해를 입힌 실화에 대한 징계가 규정되어 있고, 제51조 제7호에는 과실로 사찰 내 귀중품을 손괴시킨 행위에 대한 규정이 있다.

⑤ 미수

이미 구성요건에 해당하는 행위가 이루어진 것을 기수(旣遂)라 하고 실행에 착수하였으나 행위가 완료되지 않았거나 결과가 발생하지 않은 것을 미수(未遂)라고 한다. 미수는 원칙적으로 처벌하지 않지만 처벌 규정이 있는 경우가 있다.

⑥ 공범

2인 이상이 협력하여 죄가 되는 행위를 실행하는 것을 공범(共犯)이라고 한다.

⑦ 누범과 상습범

누범은 징계를 받은 뒤 다시 징계를 범하는 경우이며, 상습범은 같은 종류의 죄를 반복해서 실행하는 경우이다. 3회 이상 면직 이상의 징계를 받은 자에게 공권정지 5년 이상의 징계에 처하는 승려법 제47조 제5호는 누범에 대한 가중 징계이며, 같은 법 제47조 제26호의 상습적으로 사찰 분규에 금품을 받고 개입하는 자에 대한 징계 규정은 상습범에 대한 규정이라고 볼 것이다.

(3) 벌

우리 종헌에서 징계는 멸빈, 제적, 법계강급, 공권정지, 면직, 문서견책으로 규정되어 있다.

징계는 종도 개인 또는 집단이 종법을 위반하여 종단이 보호하고자 하는 이익을 침해한 것에 대하여 종단이 종단과 종도를 보호하고 방위하는 수단이라고 할 수 있다. 사회에서 형벌은 그것이 박탈하는 이익의 내용에 따라 생명형(사형), 자유형(징역, 금고, 구류), 재산형(벌금, 과료, 몰수), 명예형(자격상실, 자격정지)으로 나누어지는데, 조계종단의 징계는 거의 명예형에 한정되어 있다.

(4) 양형

승려법의 징계 관련 규정을 보면 다음 각호의 1에 해당하는 자는 공권정지 5년 이상 제적의 징계에 처할 수 있다(승려법 제47조)는 식으로 규정되어 있다. 즉 47조 각 호에서 규정한 행위를 하였을 경우 그 허물의 경중을 따져 최소 공권정지 5년부터 최고 제적까지의 징계에 처한다는 것이다.

그런데 구체적으로 징계의 양을 정하는 것은 쉬운 일이 아니다. 더구나 문중이나 정치적 관계 등을 근거로 배려를 요구하는 경우가 많다. 그러다 보니 유사한 사건에서 사람마다 징계 내용이 심하게 차이가 나는 경우가 있고, 그로 인하여 호계원이 불신을 받기도 한다. 이를 극복하기 위해서는 징계의 양을 결정하는 명시적 기준을 마련하여야 한다.

또 호계원법에는 징계를 결정할 때 정상 참작이 가능한지, 정상 참작을 할 경우 징계를 어느 범위까지 덜어줄 수 있는지 등에 관한 규정이 없으므로 이에 관한 근거규정을 두는 것이 합당할 것으로 본다.

4) 행정 심판의 원리

호계원법 제3조 제1항 제2호에는 종무기관의 부당한 처분에 불복하여 승려 및 사찰이 제소한 사항을 초심호계원이 다루도록 정하고 있다.

우월한 지위에 있는 종무기관의 부당한 처분과 관련하여 세 가지 종류의 심판 청구를 할 수 있다. ① 종무기관의 부당한 처분을 취소해 달라는 청구 ② 종무기관의 처분이 무효임을 확인해달라는 청구 ③ 종무기관이 정당한 이유 없이 하지 않고 있는 처분을 시행하라는 청구가 그것이다.

이 경우 제소인의 청구가 요건을 갖추지 못했을 때에는 요건의 보완을 명령하고, 명령에도 불구하고 요건이 보완되지 않으면 각하 판결을 내리게 된다(호계원법 제15조). 제소인의 청구가 이유 없이 타당하지 않을 경우에는 청구를 기각한다. 제소인의 청구가 타당할 경우에는 종무기관의 처분이 무효 또는 부존재(不存在) 확인, 처분을 하지 않은 부작위(不作爲)가 위법임을 확인, 처분의 전부 또는 일부를 취소, 일정한 처분 행위를 할 것을 명하는 이행 판결을 내릴 수 있다.

5) 심판 절차의 기본 원칙

일반적으로 사회의 소송 절차에는 ① 당사자 처분권주의 ② 구술심리주의 ③ 변론주의 ④ 직접심리주의 ⑤ 공개주의 ⑥ 수시제출주의 ⑦ 자유심증주의 등의 원칙이 인정된다. 조계종단은 이 가운데 ⑤ 공개주의와 관련하여 당사자의 명예를 보호하기 위하여 심리 과정은 비공개를 원칙으로 하며, 심판 결과는 공개를 원칙으로 하되 예외가 인정된다.

당사자 처분권주의란 심판 절차의 시작과 진행, 종료 등을 당사자의 의사에 의해 결정하는 것이다. 다만 심판 절차 가운데 당사자 출석일 등은 호계원의 직권으로 이를 행한다. 다만 징계 심판인 경우 호법부의 의사에 의해 시작과 종료 등이 결정된다.

구술심리주의란 당사자의 진술에 의하여 심리하는 것을 원칙으로 하는 것이다(호계원법 제17조).

변론주의란 심판에 필요한 자료의 제출을 당사자에게 모두 맡기는 것이다. 호계원은 당사자가 진술한 사실에 대해서는 반드시 그 판단을 하여야 하며, 당사자가 진술하지 않은 것을 판단의 근거로 삼아서는 안 된다. 종무기관의 부당한 처분에 대한 심판의 경우 심판을 청구한 승려나 사찰이 당사자가 되며, 그 종무기관이 상대 당사자가 된다. 징계 심판의 경우 호법부가 일방 당사자가 되며, 징계 소추를 받은 개인 또는 단체가 상대 당사자가 되지만, 이들이 호법부와 대등한 당사자라고 하기는 어렵다.

직접심리주의란 호계원이 직접 증거를 조사하고 변론을 듣는 등 직접적인 인식 방법으로 심판 자료를 수집하는 것이다.

수시제출주의란 심판 청구서의 제출부터 변론을 마치는 시점까지 수시로 심리에 필요한 자료를 제출할 수 있다는 것이다. 다만 변론을 마친 뒤에는 자료를 제출하여도 이를 인정하지 않게 된다.

자유심증주의란 각급 호계원장과 호계위원이 정의와 논리에 입각하여 자신의 전인격에 따른 자유로운 판단으로 증거의 채택 여부 등을 결정하는 것이다.

6) 심판 절차

(1) 심리의 개시

① 심리 절차 시작
- 초심호계원에 당사자의 이름, 주소, 청구취지 등을 기재한 심판청구서를 제출하면 심리 절차가 시작된다(호계원법 제12조).
- 초심호계원장은 심판청구서가 부적당한 경우 이를 보완하도록 명하며, 보완하지 않을 경우 청구를 받아들이지 아니한다(却下).

② 심판 기일
- 초심호계원장은 심판기일을 정하여 호계위원과 당사자들에게 출석을 통지한다. 최초의 심판기일은 심판청구서 접수일로부터 15일 이내여야 한다.
- 이때 상대방 당사자에게 심판청구서 기타 필요한 서류를 송달하여야 한다.
- 상대방 당사자의 주소가 확인되지 않는 경우 총무원 청사 게시판과 불교신문에 2회 공고한 것으로 송달을 대신한다.

- 심판청구서를 송달받은 상대방 당사자는 초심호계원에 답변서를 제출한다.

③ 심리와 심판

- 심리는 원칙적으로 당사자 진술에 의한다.
- 심판은 증거에 의해 결정한다. 증거에는 인적 증거와 물적 증거가 있으며, 인적 증거에는 증인, 감정인 등이 있고, 물적 증거에는 각종 문서, 물품 등이 있다.
- 초심호계원은 사건 심리를 위해 필요한 경우 당사자의 신청 또는 직권으로 증거조사를 할 수 있다.

④ 최종 심판

- 최종 심판은 선고의 형식으로 하며, 청구가 이유 있는 경우 청구 인용 취지의 판결을 하고, 이유 없는 경우 기각 취지의 판결을 한다.
- 판결은 선고로써 효력이 발생한다.
- 판결서에는 참여한 호계위원이 서명 날인하고 당사자에게 송달한다.

⑤ 판결의 확정

- 심판에 불복하는 당사자는 판결이 있은 날로부터 30일 이내에 재심호계원에 초심호계원의 심판에 불복하는 이유를 기재하여 재심을 청구한다.
- 이 기간이 지나도록 재심을 청구하지 않거나 당사자 쌍방이 재심 청구권을 파기한 때는 판결이 확정된다.

⑥ 확정 판결의 효과

- 판결이 확정됨으로써 결정된 법적 효력에 대해 이후 심판 청구를 할 수 없다.
- 징계 심판이 확정된 경우 즉시 호법부와 피징계인에게 통보한다. 피징계인의 소재가 불분명한 경우 총무원 청사 게시판에 7일 동안 공고하면 통고한 것으로 본다.

(2) 재심호계원의 심리의 특징

① 정족수

- 초심호계원은 7인으로 구성되는데, 5인 이상이 출석하여야 심리를 할 수 있으며, 재적 3분의 2 이상(5인 이상)의 찬성으로 판결한다.
- 재심호계원은 9인으로 구성되는데, 7인 이상이 출석하여야 심리를 할 수 있으며, 재적 3분의 2 이상(7인 이상)의 찬성으로 판결한다.

② 불이익 변경 금지의 원칙

징계에 관하여 재심호계원의 심판은 초심호계원의 최종 심판보다 피징계인에게 불이익하게 변경될 수 없다. 다만 초심호계원의 심판에 호법부가 불복하여 재심을 청구한 경우, 다른 사건과 심리가 병합된 경우에는 초심호계원의 심판보다 더 가중될 수 있다.

③ 기속력

재심호계원의 심판은 그 사건에 관하여 초심호계원을 기속(羈束)하므로 초심호계원은 재심호계원의 심판과 달리 판결할 수 없다.

④ 판결 확정

- 초심호계원과 달리 재심호계원의 판결은 판결이 선고된 즉시 확정
  된다.

8 법규위원회

> **第80條** 法規委員會는 다음 事項을 管掌한다.
> 1. 宗法의 宗憲違背與否 審判
> 2. 宗令, 規則과 行政處分의 宗憲 宗法 違背與否 審判
> 3. 中央宗務機關間, 中央宗務機關과 地方宗務機關間, 地方宗務機關間의 權限爭議에 關한 審判

　법규위원회는 종법이 종헌을 위배하지 않았는지, 종령, 규칙이나 행정처분이 종헌 종법을 위배하지 않았는지 여부를 심판하며 나아가 각급 종무기관 간의 권한 쟁의에 관한 심판권을 가진다.

　이러한 점에서 법규위원회는 종헌질서 수호 기관이며, 중앙종회와 종무행정기관에 대한 강력한 견제권을 가진 종헌 기관이다. 그 성격에서는 심판절차에 의한다는 점에서 사법기관이라고 할 수 있는데, 고도의 정치적 결정을 하게 된다는 점에서 정치적 사법작용이라고 할 것이다. 또 중앙종회의 입법과 중앙종무기관의 행정명령과 처분에 대해 가치판단을 자제하는 소극적 사법주의가 아니라 적극적으로 종도의 기본권을 보호하는 사법적극주의라고 할 수 있다. 다만 정치적 문제일지라도 법규위원회의 판단은 법적 판단이어야 한다.

1) 위헌 종법 및 위법 종령 심판

(1) 심판 청구

① 종법이 종헌에 위배되는지 여부 또는 종령이 종법에 위배되는지 여부가 호계원 심판의 전제가 될 때 호계원은 당사자의 신청 또는 직권으로 법규위원회에 심판을 청구한다.
   - 호계원의 이 결정에 대해 호계원에서 심판을 다투는 당사자는 불복할 수 없다.
   - 호계원이 법규위원회에 심판을 청구한 때부터 법규위원회의 종국 결정이 있을 때까지 호계원의 심판 절차는 정지된다.

② 종헌에 위배된다고 인정되는 종법, 종법에 위배된다고 인정되는 종령에 의해 불이익을 받은 종단 기관, 종단 등록 기관이나 단체, 승려는 법규위원회에 심판을 청구할 수 있다.
   - 불이익을 받지 않아도 심판을 청구할 수 있는가?
     심판 청구의 남발을 방지하기 위해서는 불이익이 있는 경우에만, 즉 심판을 통해 구제할 이익이 있는 경우에만 심판을 청구할 수 있다.
   - 조계종단의 종도가 아닌 자가 제기하는 심판도 법규위원회법에 정한 당사자 적격이 없으므로 부적법한 심판 청구로 받아들일 수 없다.

(2) 심리 절차

법규위원회의 심리 절차는 호계원의 심리 절차와 유사하다.

① 심판부

  - 법규위원회는 법규위원 9인 전원으로 구성되는 심판부에서 심판한
    다.
  - 사건을 심리하기 위해서는 법규위원 6인 이상이 출석하여야 하며,
    결정을 하기 위해서는 6인 이상의 찬성이 있어야 한다.

② 심리 방식

  - 법규위원회도 호계원과 마찬가지로 당사자의 구술에 의하여 심리
    하지만, 위헌종법심판과 위법종령심판의 경우 서면 심리에 의할 수
    있다.

③ 심리 공개

  - 법규위원회의 심리는 공개한다. 다만 서면심리나 법규위원들 간의
    의논은 이를 비공개로 할 수 있다.

(3) 종국결정

① 법규위원회가 위헌종법 결정을 할 때는 청구된 종법 또는 종법 조
  항의 종헌 위배 여부만을 결정한다. 다만 그 조항의 위헌 결정으로
  인하여 그 종법 전체를 시행할 수 없다고 인정될 때에는 종법 전
  체에 대하여 위헌 결정을 할 수 있다.

② 위법종령 결정을 할 때도 위와 같다.

③ 위헌 또는 위법의 결정은 그 결정이 있는 날부터 종단을 기속한다. 다만 징계에 관한 규정은 그 전에 소급하여 그 효력을 상실한다. 효력을 상실하게 된 규정에 의해 이미 징계를 받고 있는 피징계인은 재심호계원에 재심을 청구할 수 있다.

④ 일사부재리

법규위원회는 이미 심판을 거친 동일한 사건에 대해서는 다시 심판할 수 없다.

⑤ 심판 기간

이러한 심판 기간은 청구일로부터 50일 이내에 해야 한다.

2) 권한 쟁의 심판

① 중앙종무기관 간, 중앙종무기관과 지방종무기관 간, 지방종무기관 간에 권한이 있는지 없는지의 여부 또는 그 권한의 범위에 관하여 다툼이 있을 때, 당해 종무기관은 법규위원회에 권한쟁의 심판을 청구할 수 있다.

② 지방종무기관은 교구본사와 말사를 말한다(지방종정법 제2조). 각급 종무기관에는 종무기관이 설립한 위원회, 연구소, 산하 기관 등도 포함한다.

③ 권한 쟁의 심판은 권한 침해를 안 날로부터 60일 이내에, 그 사유가 있는 날로부터 180일 이내에 청구하여야 한다. 많은 기간이 경과한 뒤에도 심판 청구를 인정할 경우 종무기관의 안정성과 이미 형성된 종단적 신뢰성을 해치기 때문이다.

④ 법규위원회는 직권이나 당사자의 신청에 의해 행정처분 등 그 권한의 행사를 일시 정지하는 등의 잠정처분을 내릴 수 있다.

⑤ 권한 쟁의 심판에 대해 법규위원회는 심판의 대상이 된 종무기관에게 권한이 있는지, 권한의 범위는 어떠한지에 대해 판단한다. 만약 종무기관이 권한을 침해하는 처분 등으로 인정되는 경우에는 그 처분을 취소하거나 무효임을 확인하는 결정을 한다.

⑥ 법규위원회의 결정은 전 종단을 기속한다.

4장

재정과 회계

1 재정의 원칙

재정이란 종단의 경제활동으로서, 종단이 그 기능을 수행하기 위해 필요한 수입을 만들고 재화를 관리하며 지출하는 일체의 활동을 말한다. 이러한 종단의 경제활동에는 공공의 재정과 마찬가지로 몇 가지 원칙이 있다.

첫째, 재정은 조계종법에 정한 절차에 따라 편성한 예산의 집행이라는 형태로 이루어진다. 중앙종무기관은 예산 주무부서인 총무원 기획실이 편성한 세입세출예산안을 바탕으로 중앙종회가 예산을 편성하며, 교구는 교구종회가 편성한다.

둘째, 재정상의 수입과 지출은 임의가 아닌 강제성을 띤다. 각급 사찰이 분담금을 납부하는 것은 임의적으로 하는 기부나 증여가 아니라 조계종법상의 의무 이행이다(수입조달방식의 강제원칙). 예산상 지출하도록 편성된 것에 대해서 지출을 하지 않은 경우에 종무기관은 정치적 책임을 지게 된다.

셋째, 종단의 재정은 이익이나 효용의 극대화를 목표로 하지 않고 대정부, 대사회적으로 종단적 책무를 원활히 수행하거나 종도에게 종무행정 서비스를 충실히 제공하는 것을 목표로 한다.

넷째, 종단의 재정은 수입보다 지출이 많은 적자재정이나 지출보다 수입이 많은 흑자재정이 아니라 수입과 지출이 균형을 이루도록 편성한다(균형 예산의 원리).

다섯째, 종단의 재정은 특수한 소수의 이익이 아니라 종도 일반의 이익을 위해 집행하는 것을 원칙으로 한다(일반이익의 원칙).

여섯째, 종단의 재정은 분담금 등의 급부자에게 반대급부를 제공하는 것이 아니라 종도 전체에게 반대급부를 제공한다(일반보상의 원칙).

종단의 경제활동은 1년을 단위로 이루어진다. 예산의 단위기간을 회계 연도라 하는데, 종단의 회계연도는 1월 1일부터 12월 31일까지로 하고 있다.[32] 각 회계연도의 경비는 당해 연도의 세입으로써 충당하여야 한다(회계 연도 독립의 원칙. 예산회계법 제3조). 즉 이번 회계연도의 세입으로 다음 회 계연도의 경비에 충당할 수 없다는 원칙이다. 다만 이번 회계연도의 수입 지출을 통해 남은 잔액은 이월금으로 다음 회계연도의 수입으로 책정할 수 있다.

---

32 [조계종] 종헌 제122조 제1항 각급 종무기관의 회계연도는 정부의 회계연도에 의준한다. [대 한민국] 국가재정법 제2조 국가의 회계연도는 매년 1월 1일에 시작하여 12월 31일에 종료한 다. [조계종] 예산회계법 제2조(회계연도) 종단의 회계연도는 매년 1월 1일에 시작하여 12월 31일에 종료한다. 지방종정법 제20조(회계연도) 본말사의 회계연도는 총무원의 회계연도에 의한다.

2 예산

1) 예산의 원칙

예산이란 종단이 1회계연도에 어떤 사업을 수행하기 위하여 얼마만큼의 수입을 확보하며, 그것을 어떻게 지출할 것인지에 관한 내용을 담고 있는 계획서이다. 1회계연도의 수입을 세입이라 하며 지출을 세출이라 한다.

예산의 편성과 집행, 결산 등에서 지켜야 하는 원칙으로 예산 공개의 원칙, 예산 사전의결의 원칙, 예산한정성의 원칙, 예산완전성의 원칙, 예산통일의 원칙 등이 있다.

① 예산공개의 원칙이란, 예산 운영의 모든 상태가 종도들에게 공개되어야 한다는 원칙이다. 사찰과 종도는 자신이 납부한 분담금이나 교무금 등이 어디에 어떻게 사용되는지 알 권리가 있으며, 종무기관의 재정 활동에 대한 자유로운 비판도 가능하다는 원칙이다(종헌 제124조).

② 예산 사전의결의 원칙이란, 종무기관에서 예산을 집행하기 전에 중앙종회 등 대의기관에서 예산안의 심의 의결하여야 하며, 또 예산은 대의기관에서 심의 의결한 대로 집행하여야 한다는 원칙이다. 다만 이에 대한 예외로서 회계연도 개시 전까지 예산이 확정되지 않은 경우 기관과 시설의 유지 운영비, 지출 의무의 이행, 계속사업의 경우 전년도 예산에 준하여 예산

을 집행할 수 있다(예산회계법 제24조).

③ 예산 한정성의 원칙이란, 예산의 각 항목이 목적, 기간, 금액상으로 명확한 한계를 지닌다는 원칙이다. 이 원칙에 따라 예산의 관(款) 간 전용을 금지하고 있다(예산회계법 제26조). 지출 기간은 1회계연도를 기준으로 하되 2회계연도 이상에 걸쳐 이루어지는 지출은 대의기관의 심의 의결을 거쳐 계속비로 지출한다(예산회계법 제18조).

④ 예산 완전성의 원칙이란, 한 회계연도의 세입과 세출은 모두 예산에 계산하여 올려야 한다는 원칙으로, 이에 따라 모든 세입과 세출을 예산에 편입, 계상하는 예산 제도를 예산총계주의라 한다(예산회계법 제14조). 예산총계주의는 예를 들어 불공비를 100만 원 받아 공양물 등으로 70만 원을 지출하고 30만 원이 남은 경우 수입으로 30만 원만 잡는 것이 아니라 수입 100만 원, 지출 70만 원을 모두 예산에 반영하는 것이다. 이러한 예산총계주의는 종무기관의 모든 수입과 지출을 예산에 반영함으로써 그 전체를 분명히 드러내고, 사찰이나 종도들이 종무기관에 대한 재정상의 감독을 쉽게 할 수 있도록 하는 제도이다.

⑤ 예산 통일의 원칙이란, 이를테면 중앙종무기관의 경우 모든 수입은 총무원 재무부가 총괄하며(예산회계법 제10조 제32조), 여기서부터 지출이 이루어지는 원칙이다. 다만 특정한 자금을 운용하는 특별회계와 기금은 예산통일 원칙의 예외라고 할 수 있다(예산회계법 제5조).

2) 예산 편성 절차

(1) 중앙종정기관의 예산 편성

예산안 편성지침서 중앙종정기관에 제출 (8월 20일)

총무원 기획실장은 다음년도 예산안 편성지침서를 종무회의의 의결을 거쳐 8월 20일까지 중앙종정기관에 제출한다(예산회계법 제19조).
[예산안 편성지침서의 주요 내용]
- 예산편성 절차
- 다음 연도의 중앙종무기관 중점사업
- 종단재정여건과 차년도 예산운용
- 다음 연도의 예산 요구 지침
- 예산과목
- 예산 요구 양식
- 예산편성 기준단가 등

보조금 예산요구서 소관부서에 제출 (8월 30일)

각종 보조금을 신청하고자 하는 기관이나 단체는 사업계획서와 보조금예산요구서를 작성하여 소관 종무기관(부서)에 8월 30일 까지 제출한다(종단보조금관리령 제3조 제1항).[33]

세입세출 예산요구서 기획실에 제출 (9월 15일)

중앙종정기관은 다음 연도의 사업계획과 그에 따른 소요예산을 요구하는 예산요구서를 9월 15일까지 총무원 기획실에 제출한다.
[예산요구서의 주요 내용]
- 사업계획서
- 예산요구서
  예산요구 내역
  단위사업별 사업계획서(신규사업, 계속사업)

예산요구 타당성과 적정성 검토

중앙종정기관의 예산요구서를 총합하면 보통 다음 연도의 추정 수입보다 지출 규모가 훨씬 크므로 기획실은 불요불급하거나 중복되는 사업, 예산 투입 대비 기대효과가 적은 사업을 제외하는 등 예산 요구의 타당성을 점검하고 종정기관 간 협의를 통해 조정한다.

예산안 편성 및 종무회의 의결	[예산안 내용] - 예산총칙(예산총괄표, 예산개요) - 각 종무기관별 세입세출 예산 - 특별회계 세입세출 - 별첨자료(예산정원표, 세입세출예산 과목 분류) 등

중앙종회 상정	총무원장은 중앙종정기관의 예산안을 다음 회계연도 개시 60일 전(11월 1일)까지 중앙종회에 송부한다(예산회계법 제20조 제21조). [중앙종회에 부의하는 예산안의 첨부서류] - 예산편성지침 - 세입세출항목별 설명 - 계속비 명세서 - 예산정원표와 예산안 편성 기준단가표 - 기타 관련 서류

상임분과위원회 심의 및 본회의 상정	중앙종회 재정분과위원회는 각 상임분과위원장과 예산안을 심의하여 그 결과를 중앙종회 의장에게 보고하고, 의장은 보고서를 첨부한 예산안을 본회의에 상정한다(중앙종회법 제47조).

예산 확정과 이송	중앙종회 본회의는 의원 과반수의 출석과 출석 과반수의 찬성으로 예산안을 심의 의결하며, 의결된 예산서를 총무원에 이송한다.

---

33 총무원 기획실이 종단 홈페이지 종무자료 게시판에 게시하고 있는 예산편성절차 문서에는 보조금 신청을 8월 20일까지로 하며, 제출 서류에 사업실적서와 관련 서류를 포함하고 있으나 종단 홈페이지를 통해 제공되는 종단보조금관리에 관한 령에는 기한을 8월 30일까지, 제출 서류는 사업계획서와 예산요구서로 하고 있다. 종령을 보다 구체화하는 업무 규칙은 일반적으로 가능하지만 종령과 상치되는 경우 종령에 맞게 하여야 하며, 종령이 현실적으로 적절하지 않은 요소가 있다면 종령을 개정하는 것이 합당하다. 더구나 총무원 기획실은 종법령 개정 주무부서이다.

(2) 지방종정기관의 예산 편성

예산편성지침 및 예산서 양식 배포 (10월 초)

- 총무원 재무부에서 사찰 예산편성 지침과 양식을 작성하여 매년 10월 초에 배포함
- 교구 예산은 교구본사 기획국에서 예산의 편성과 운영에 관한 기본 계획을 작성함(지방종정법 제15조 제1항 제2호)

예산 편성

- 교구본사 기획국은 교구 예산을 편성, 종무회의의 심의를 거쳐 (지방종정법 제13조 제4호) 교구종회에 상정한다. 교구 예산은 교구종회의 심의 의결로 확정된다.(교구종회법 제11조 제5호)
- 사찰 주지는 재무부의 지침에 따라 예산을 편성하되, 사찰운영위원회와 협의하여야 한다.(사찰운영위원회법 제6조 제1호)

예산서 제출

- 말사 주지는 예산을 편성하여 11월 말일까지 사본 2부를 교구본사에 제출(1부는 교구에 비치, 1부는 총무원 발송)
- 교구본사는 12월 말일까지 총무원에 예산 보고(지방종정법 제21조, 예산회계법 제20조)

3) 분담금

> **第121條** ① 總務院의 收入은 一般 및 特別分擔金, 敎務金, 事業收益, 其他 收入에 依한다.
> ② 모든 寺刹, 僧侶 및 信徒는 宗憲 宗法이 定하는 바에 따라 宗費를 納付할 義務를 진다.
> ③ 分擔金과 敎務金의 種類와 策定 基準 其他 財政에 關한 事項은 宗法으로 定한다.

(1) 분담금의 종류

종단의 세입 가운데 가장 큰 부분을 차지하고 있는 것이 분담금이다. 분담금 납부에 관한 법 제2조에 따르면 분담금에는 중앙분담금, 관람료분담금, 교구분담금, 특별분담금, 직영분담금의 다섯 가지가 있다.

중앙분담금은 우리 종단에 소속된 모든 사암이 중앙종무기관의 운영과 종단 사업에 사용할 목적으로 총무원에 납부하는 종비이다.

관람료분담금은 문화재보유사찰이 징수하는 문화재구역 입장료의 12%를 총무원에 종비로 납부하는 것이다.

교구분담금은 교구 소속 사암이 교구의 운영과 교구 목적사업에 사용할 목적으로 당해 교구에 납부하는 종비이다.

특별분담금은 특별분담사찰지정법에 의해 특별분담사찰로 지정된 사찰이 총무원에 납부하는 종비이다.

직영분담금[34]은 직영사찰법에 의해 직영사찰로 지정된 사찰이 총무원에 납부하는 종비이다.

한편 특별한 목적을 가지고 한시적으로 책정되는 특별분담금이 있다. 문화재보유사찰이 문화재구역입장료를 징수할 경우 그 징수액의 5%를 종단 교육불사에 사용하기 위한 교육특별분담금으로 2015년 12월 31일까지 납부하도록 규정하고 있다(사찰 문화재 보존 및 관리법 부칙 제2조).

(2) 분담금 법정주의

종헌 제121조 제3항에는 분담금의 종류와 책정 기준을 종법으로 정하도록 규정하고 있다. 이와 관련하여 분담금 납부에 관한 법에는 분담금의 종류를 명시하고 있으며, 관람료분담금은 분담금 과세 대상, 납부 의무자, 분담금 책정 기준율을 명시하고 있다.

---

34 직영사찰은 총무원이 직접 운영하는 사찰이며, 분담금 책정에 일정한 요율을 일괄 적용하기 곤란하므로 직영분담금이 아니라 직영사찰운영수입(사업수입)으로 세입에 계상되는 것이 더 적절할 것이다.

종류	과세대상	과세표준	세율	납부의무자
중앙분담금	미규정	미규정	미규정	모든 사암
관람료분담금	문화재구역 입장료수입	-	12%	문화재입장료 징수사찰
교구분담금	미규정	미규정	미규정	교구 소속 사암
특별분담금	미규정	미규정	미규정	특별분담사찰
직영분담금	미규정	미규정	미규정	직영사찰교육
특별분담금	문화재구역 입장료수입	-	5%	문화재입장료 징수사찰

종헌이 분담금이나 교무금 등의 종비를 종도의 대의기구인 중앙종회에서 종법으로 정하도록 하고 있는 이유는 종비 납부 의무가 사찰과 종도의 재산권을 침해하기 때문이다. 종무행정기관의 자의적 판단으로 사찰과 종도의 재산권을 제약하고 침해하지 않도록 하기 위해 종도의 대표기관인 중앙종회에서 종비의 종류와 책정 기준 등을 정하도록 한 것이다. 종비의 종류와 책정기준 등이라 함은 종비 납부 의무자, 종비 과세 표준, 종비 과세 대상, 종비 부과와 징수의 절차 등이 종법으로 규정되어야 한다는 원칙이다.

그런데 우리 종단의 분담금 납부에 관한 법에는 분담금 과세의 대상, 표준, 세율 등에 관한 규정이 없거나 미비하다. 이에 총무원에서는 분담금 납부에 관한 법 시행령, 사찰등급조정규정 등을 통해 분담금 세율 등을 정하고 있으나 분담금법정주의를 규정한 종헌에 비추어볼 때 중앙종회에서 종법으로 규정하는 것이 바람직하다.

3 회계

1) 회계의 구분

현행 예산회계법상 회계는 일반회계, 특별회계, 기금의 3가지 종류로 구분할 수 있다. 회계의 기본은 일반회계이므로 그 예외인 특별회계와 기금에 대해 국가의 경우 법률로 설치하도록 하고 있지만 조계종법에는 그런 규정을 두고 있지 않다.

예산회계법상 특별회계와 기금은 그 설치 근거에 뚜렷한 차이가 없다. 국가의 경우 기금은 세입세출예산에 의하지 않고도 운용할 수 있도록 하고 있지만 조계종법에는 그런 규정이 없다.

특별회계와 기금의 폐지나 통합에 대해 조계종법에는 규정이 없지만, 특별회계나 기금이 목적으로 하는 특별한 사업의 목적이 달성되었거나 달성될 가능성이 없다고 판단되는 경우, 특별회계나 기금의 목적이 유사하거나 중복되는 경우, 일반회계에 통합하는 것이 재정 운용상 더 적절하다고 판단되는 경우에는 회계간 통합이나 폐지가 가능하다고 할 것이다.

(1) 일반회계

종정기관의 일반적 활동에 관한 세입, 세출을 포괄하는 회계로서, 중앙종정기관의 경우 분담금과 기타 종비를 주된 세입으로 하고 사찰의 경우 기도, 불공, 불전, 행사, 입장료 등을 주된 세입으로 한다. 종정기관의 존립과 그 기능을 유지하기 위한 기본 경비를 세출로 한다.

(2) 특별회계

특별회계는 특별한 사업을 운영할 때, 특정한 자금을 보유하여 운용할 때, 기타 특정한 세입으로 특정한 세출에 충당함으로써 일반회계와 구분하여 처리할 필요가 있을 때에 설치한다(예산회계법 제5조 제2항). 사찰의 경우 1년에서 몇 년에 걸쳐 이루어지는 불사를 수행하기 위한 특별회계를 설치하는 것이 대표적인 경우이다.

(3) 기금

특정한 목적사업을 위하여 특정한 자금을 운용할 필요가 있을 때에 한하여 종단 보조금, 각종 성금, 희사금 등으로 기금을 설치할 수 있다(예산회계법 제5조 제3항).

2) 수입 지출의 관리

(1) 수입

중앙종정기관의 세입은 총무원 재무부에서 총괄한다.

지난 회계연도의 분담금을 올해 납부한 경우, 지난 회계연도에 징수하지 못한 임대료를 올해 징수하게 된 경우, 세입 예산에 반영되어 있지 않은 수입이 생긴 경우 등 이번 회계연도의 수입으로 책정하지 않았으나 수입이 발생한 경우에는 모두 이번 회계연도의 수입으로 한다.

종무원은 수입이 발생한 경우 수입결의서를 작성하고, 금액을 지체없이 금융기관에 예치하여야 하며, 금융기관 이용이 어려운 사찰의 경우 3일 이내에 금융기관에 예치하여야 한다.

(2) 지출

총무원 부서와 총무원에 예산을 계상한 중앙종정기관이 소관 예산을 집행하려고 할 때는 예산 과목별 명세를 기록한 예산 청구 서류(지출결의서)에 지출원인행위와 관련된 서류(계약서, 기안지, 견적서 등)를 첨부하여 총무원 재무부장에게 제출하며, 재무부장은 지체 없이 지출 여부를 검토하고 지출 절차를 취한다.

총무원 재무부는 중앙종회, 교육원, 포교원 예산에 대해서는 월별 또는 분기별로 분할 지급한다. 당해 기관의 독립성과 자율성을 보호하기 위해서이다.

(3) 장부 기재

수입이 발생할 경우 수입결의서를 작성하고, 지출을 하여야 할 경우 지출결의서를 작성하며, 현금 입출금이 발생한 경우 현금출납장에 기입하고, 세입세출 과목별로 총계정원장에 기재한다. 수입지출결의서, 현금출납장, 총계정원장은 기본적으로 작성 유지하여야 할 회계 장부로서, 영구 보존한다.

4

결산

한 회계연도 안에서 모든 수입과 지출을 확정적인 계수로 표시하는 활동을 결산이라 한다. 결산은 재정이 얼마나 적법하게 효율적으로 이루어졌는가를 확인하는 과정이다.

(1) 중앙종정기관의 결산 절차

중앙종정기관의 장은 매 회계연도가 종료한 뒤 2월 말일까지 그 소관에 속하는 세입 세출의 결산 보고서를 작성하여 총무원 재무부장에게 제출한다(예산회계법 제29조). 총무원 재무부장은 중앙종정기관의 결산보고서를 총합하고 계속비결산보고서를 첨부하여 세입세출결산서를 작성, 종무회의의 의결을 거쳐 중앙종회에 송부한다.

중앙종회는 본회의 의결로 결산서를 승인하는데, 이 승인은 재정이 적법하게 집행되었음을 확인하는 것이다.

(2) 지방종정기관의 결산 절차

말사는 사찰운영위원회와의 협의를 거쳐 결산서를 확정한 뒤 2월 10일까지 교구본사에 보고한다.

교구본사는 교구 종무회의의 심의와 교구종회의 승인을 거친 결산서를 2월 말일까지 총무원에 보고하여야 한다(예산회계법 제29조).

(3) 결산서의 내용

세입세출결산서는 세입에 있어서 ① 책정된 세입 예산이 얼마인가(세입 예산액) ② 세입 가운데 실제로 걷힌 수입은 얼마인가(수입액) ③ 전회계연도에서 이월된 수입은 얼마인가(전년도 이월액) ④ 수입으로 책정했으나 아직 걷히지 않은 금액의 액수와 내역은 어떠한가(미징수액) 등을 분명히 하여야 한다.

세출에 있어서 ① 책정된 세출 예산이 얼마인가(세출 예산액) ② 세출 과목별로 얼마만큼 지출하였는가(지출액) ③ 과목으로 책정되지 않았거나 예상하지 못한 지출로 인하여 얼마만큼의 예비비를 사용하였는가(예비비 사용액) ④ 다른 회계나 다른 과목으로부터 예산을 넘겨받아 사용함으로써 회계나 과목의 예산 증감이 이루어진 내역은 어떠한가(전용 등 증감액) ⑤ 세계잉여금으로 다음 연도에 이월할 금액은 얼마인가(다음 연도 이월액) 등을 분명히 하여야 한다.(예산회계법 제30조 제2항)

부록

대한불교조계종 종헌(宗憲)

■ 대한불교조계종 종헌과정

불기 2506 (1962)년 03월 22일 제정

불기 2506 (1962)년 03월 25일 공포

불기 2519 (1975)년 12월 03일 개정공포

불기 2520 (1976)년 09월 20일 개정공포

불기 2521 (1977)년 11월 13일 개정공포

불기 2522 (1978)년 03월 10일 개정공포

불기 2522 (1978)년 04월 28일 개정공포

불기 2522 (1978)년 09월 08일 개정공포

불기 2524 (1980)년 11월 03일 개정공포

불기 2524 (1980)년 12월 11일 개정공포

불기 2525 (1981)년 01월 08일 개정공포

불기 2525 (1981)년 04월 16일 개정공포

불기 2525 (1981)년 06월 09일 개정공포

불기 2525 (1981)년 09월 04일 개정공포

불기 2527 (1983)년 09월 03일 개정공포

불기 2527 (1983)년 09월 16일 개정공포

불기 2528 (1984)년 08월 18일 개정공포

불기 2528 (1984)년 09월 01일 개정

불기 2528 (1984)년 09월 15일 공포

불기 2530 (1986)년 11월 18일 개정공포

불기 2532 (1988)년 03월 29일 개정

불기 2532 (1988)년 05월 02일 공포

불기 2537 (1993)년 07월 28일 개정

불기 2537 (1993)년 08월 28일 공포

불기 2538 (1994)년 04월 15일 개정

불기 2538 (1994)년 04월 18일 공포

불기 2538 (1994)년 09월 27일 개정

불기 2538 (1994)년 09월 29일 공포

불기 2543 (1999)년 10월 12일 개정공포

불기 2548 (2004)년 03월 18일 개정

불기 2548 (2004)년 03월 31일 공포

불기 2552 (2008)년 03월 20일 개정

불기 2552 (2008)년 05월 15일 공포

불기 2553 (2009)년 03월 18일 개정

불기 2553 (2009)년 05월 16일 공포

前 文

恭惟컨대 我 宗祖 道義國師께서 曹溪의 正統法印을 嗣承하사 迦智靈域에서 宗幢을 揭揚하심으로부터 九山門이 列開하고 五敎派가 竝立하여 禪風敎學이 槿域에 彌漫하였더니 麗朝의 衰微와 함께 敎勢가 不振하려 할 새 太古國師께서 諸宗을 包轄하사 曹溪의 單一宗을 公稱하시니 이는 我國佛敎의 特色인지라 世界萬邦에 자랑할 만한 事實이어니와 我宗은 朝鮮朝 5百年의 排佛毀釋의 政治的 法難에도 不撓不屈하고 懸絲의 慧命을 嗣續하면서 定慧雙修와 理事無碍를 提高하며 大乘佛敎의 成佛度生을 實踐하여 온 것이다. 爾來 宗名을 公稱하고 宗憲을 制定하여 戒法을 尊崇하고 理判을 推獎하여

內로는 正法眼藏을 秘傳 綿綿케 하고 外로는 度生門戶를 豁開하여 教化活動을 向上케 하니 禪敎竝彰이 從此而始라 하겠다.

8·15 光復 後 教團의 淸淨과 僧風을 振作하려는 宗徒들의 願力에 의해 佛紀2498(1954)年 淨化運動이 일어나 自淨과 刷新으로 마침내 宗團의 和合이 이룩되어 佛紀2506(1962)年 3月 22日 宗憲을 제정하고 統合宗團이 出帆하게 되었다. 그리하여 教團의 淸淨性과 三寶 護持의 基本틀이 다져지고, 修行衲者의 僧風이 振作되었으며, 布教와 伽藍佛事에 힘을 기울여 韓國 佛教는 유례없는 教勢 擴張을 이루었다.

그 후 教團에 닥친 몇 차례의 法難을 극복하고 宗團 改革에 대한 宗徒들의 興望에 副應하여 改革會議가 出帆하게 되었다. 이에 改革會議는 宗團 改革에 필요한 各種 措置를 취하고 佛法이 衆生教化의 萬代指針이 되며 教團이 修行과 傳法의 永劫基壇이 되도록 宗憲을 改正하였으니, 宗徒 大衆은 民族統一과 文明史의 새로운 흐름에 對備하고 宗憲의 큰 뜻을 받들어 實踐하여 이 땅의 佛日을 萬古에 빛나게 하고 三寶를 法界에 流傳케 하라.

삼가 佛祖의 加護 밑에 우리 法孫萬代의 向上과 繁榮을 빌며 이 憲章을 改正 公布하노라.

第1章 宗名 및 宗旨

第1條 本宗은 大韓佛教曹溪宗이라 稱한다. 本宗은 新羅 道義國師가 創樹한 迦智山門에서 起源하여 高麗 普照國師의 重闡을 거쳐 太古普愚國師의 諸宗包攝으로서 曹溪宗이라 공칭하여 이후 그 宗脈이 綿綿不絶한 것이다.

第2條　本宗은 釋迦世尊의 自覺覺他 覺行圓滿한 根本教理를 奉體하며 直指人心 見性成佛 傳法度生함을 宗旨로 한다.

第3條　本宗의 所以經典은 金剛經과 傳燈法語로 한다. 其他 經典의 研究와 念佛 持呪 等은 制限치 아니 한다.

第2章　本尊, 紀元 및 嗣法

第4條　本宗은 釋迦牟尼佛을 本尊佛로 한다. 다만, 종전부터 釋迦牟尼佛 以外의 佛像을 本尊으로 모신 寺刹에 있어서는 그 慣例에 從한다.

第5條　① 本宗은 釋迦牟尼佛의 紀元을 檀紀 1789年(西紀 紀元前 544年)으로써 起算한다.
　　　② 佛教가 우리나라에서 公認된 紀元을 檀紀 2705年(高句麗 소수림왕 2年)으로써 起算한다.

第6條　本宗은 新羅 헌덕왕 5年에 曹溪 慧能祖師의 曾法孫 西堂 智藏禪師에게서 心印을 받은 道義國師를 宗祖로 하고 高麗의 太古普愚國師를 重興祖로 하여 以下 淸虛와 浮休 兩 法脈을 繼繼承承 한다.

第7條　本宗의 法脈相承은 師資間의 入室面授 또는 傳法偈의 授受로서 行한다.

第3章　宗團

第8條　本宗은 僧侶(比丘・比丘尼)와 信徒(優婆塞・優婆夷)로서 構成한다.

第9條　① 僧侶는 具足戒와 菩薩戒를 受持하고 修道 또는 敎化에 全力하는
　　　　出家 獨身者라야 한다. 다만, 帶妻僧(統合宗團 出帆時 歸依한 者
　　　　에 限한다)의 旣得權을 認定하되 다음 各號에 該當하는 者는 正
　　　　常的인 僧侶로 認定하며 其他는 그 資格에 따라 布敎師 및 住持
　　　　署理에 登用할 수 있다.

　　　　가. 實質的으로 寺刹에 獨身(單身) 常住하며 修道와 敎化에 全力
　　　　　　하는 者

　　　　나. 家族 扶養의 責任을 가지지 아니할 者

　　　　다. 凡俗人과 같은 日常生活을 하지 아니할 者

　　　② 삭제 [불기 2553(2009). 3. 18 개정]

　　　③ 本宗의 僧侶가 私設寺庵을 創建하였을 때는 반드시 宗團에 그 寺
　　　　庵(財産)을 登錄하여야 하며 法人을 設立했을 때는 그 定款에 當
　　　　該 法人이 本宗 管掌下에 있음을 明記하여야 한다. 本宗 僧侶로
　　　　서 宗團에 登錄하지 않은 私設寺庵의 財産上의 權利人과 定款上
　　　　本宗의 管掌下임을 明示하지 않은 法人의 任職員 및 法人 傘下
　　　　寺庵의 財産上의 權利人은 다음과 같이 그 權限을 制限한다.

　　　　가. 宗團 宗務員法上의 一切의 宗務職에 就任할 수 없다.

　　　　나. 宗團 傘下 敎育機關 및 布敎機關의 敎職, 布敎師와 任職員에
　　　　　　就任할 수 없다.

　　　　다. 宗團 各種 委員會의 委員에 就任할 수 없다.

라. 該當 僧侶의 徒弟는 本宗의 敎育機關의 惠澤을 받을 수 없다.

④ 第3項의 制限에 關한 細部事項은 宗法으로 定한다.

[불기2553(2009)년 3월 18일 본조 개정]

第10條 信徒는 三歸依戒, 在家5계 및 菩薩戒를 受持하고 三寶를 護持하며 本宗의 宗旨를 信受奉行하는 者라야 한다.

第11條 本宗의 僧侶는 常勤 宗務職을 兼職할 수 없다. 다만, 總務院長의 直營寺刹 住持 兼職과 中央宗務機關의 幹部로서 本寺住持를 除外한 寺刹 住持 兼職은 例外로 한다.

第12條 僧侶 및 信徒의 權利 義務와 分限 法階 또는 衣制는 宗法으로 定한다.

第4章 儀式과 法會

第13條 本宗의 儀式은 佛祖의 遺訓과 傳來의 百丈淸規 및 禮懺法에 依遵한다.

第14條 ① 本宗은 恒例法會와 臨時法會를 設한다.

② 恒例法會의 種別 및 日字는 宗法으로 定한다.

第5章　戒壇

第15條　戒壇은 傳戒를 行한다.

第16條　① 戒壇은 具足戒壇과 式叉摩那尼戒壇, 沙彌戒壇, 菩薩戒壇으로 구
　　　　　분한다.
　　　　② 具足戒壇과 式叉摩那尼戒壇, 沙彌戒壇은 戒壇委員會의 議決을
　　　　　거쳐 總務院에서 指定한 宗團 單一戒壇에서 得度授戒式을 奉行
　　　　　한다.
　　　　③ 菩薩戒壇은 總務院에 申告하여 隨所에 設置할 수 있다.

第17條　① 本宗 戒壇의 傳戒大和尙은 元老會議의 推薦으로 宗正이 委囑
　　　　　한다.
　　　　② 傳戒大和尙의 任期는 3年으로 하며, 1次에 限하여 重任할 수
　　　　　있다.
　　　　③ 그 외 2師7證은 隨時로 傳戒大和尙이 委囑한다.

第18條　3師7證의 資格要件과 戒壇에 關한 事項은 宗法으로 定한다.

第6章　宗正

第19條　宗正은 本宗의 神聖을 象徵하며 宗統을 承繼하는 最高의 權威와
　　　　地位를 가진다.

第20條　宗正은 아래의 資格을 具備하고, 行解가 圓滿한 比丘이어야　한다.

　　1. 僧臘 45年 以上

　　2. 年齡 65세 以上

　　3. 法階 大宗師

第21條　① 宗正은 元老會議 議員, 總務院長, 護戒院長과 中央宗會議長이
　　　　推戴한다.

　　　　② 第1項의 推戴를 위한 會議는 宗正의 任期 滿了 3個月 前이나 有
　　　　故時에 元老會議 議長이 召集하며, 推戴는 在籍 過半數 以上의
　　　　贊成으로 한다.

第22條　宗正의 任期는 5年으로 하며, 1次에 限하여 重任할 수 있다.

第23條　宗正은 傳戒大和尙 委囑權을 가지며, 宗憲 宗法이 定하는 바에 따
　　　　라 褒賞과 懲戒의 赦免, 輕減, 復權을 行할 수 있다.

第24條　宗正은 宗團 非常時에 元老會議 在籍 3分의 2 以上의 提請으로 中
　　　　央宗會를 解散할 수 있다.

第25條　宗正에 대한 禮敬과 儀典 事務를 擔當하기 위하여 禮敬室을　둔다.

第7章 元老會議

第26條 ① 元老會議는 17人 以上 25人 以內의 僧臘 45年, 年齡 70歲, 法階 大宗師級의 元老 比丘로 構成한다. [불기 2552(2008)년 3월 20일 개정]

② 元老會議 議員은 中央宗會의 推薦에 依하여 元老會議에서 選出한다.

③ 元老會議 議員의 任期는 10年으로 하며, 重任할 수 없다. [불기 2552(2008)년 3월 20일 개정]

第27條 ① 元老會議는 議長 1人과 副議長 2人을 둔다.

② 元老會議 議長과 副議長은 互選하며, 任期는 5年으로 한다.

第28條 ① 元老會議는 다음과 같은 權限을 가진다.

1. 宗正 推戴權
2. 中央宗會에서 推薦한 元老議員 選出權
3. 宗憲 改正案 認准權
4. 選出된 總務院長에 對한 認准權
5. 中央宗會의 總務院長 不信任 決議에 對한 認准權
6. 2級 以上의 法階 審議權
7. 傳戒大和尙 推薦權
8. 宗團 非常時 中央宗會 解散 提請權
9. 中央宗會에서 附議한 宗團重要宗策의 調整權

② 選出된 總務院長이 元老會議의 認准을 얻지 못한 때는 再選出

하여야 한다.

③ 宗憲 改正案이 元老會議의 認准을 받지 못한 境遇에는 그 改正案은 無效가 된다.

④ 中央宗會의 總務院長 不信任決議가 認准 拒否되었을 境遇에는 再決議하여야 한다.

⑤ 中央宗會가 解散되었을 때는 元老會議가 그 權限을 代行한다. 다만, 2個月 以內에 새로운 中央宗會를 構成하여야 한다.

第29條 ① 元老會議에 事務處를 둔다.

② 事務處長은 元老會議의 同意를 얻어 元老會議 議長이 任命한다.

第30條 其他 元老會議의 組織과 運營에 關하여 必要한 事項은 宗法으로 정한다.

第8章   中央宗會

第31條 本宗은 立法機構로서 中央宗會를 둔다.

第32條 中央宗會는 選擧法에 依해 選出된 81人 以內의 議員으로 構成한다.

第33條 中央宗會 議員의 資格은 僧臘 15年 以上, 年齡 35歲 以上의 僧侶로 한다.

第34條 中央宗會議員의 任期는 4年으로 한다. 다만, 補闕議員의 任期는 前
　　　　任者의 殘餘 期間으로 한다.

第35條 ① 中央宗會議員은 總務院長, 敎育院長, 布敎院長, 護戒委員, 法規
　　　　委員, 選擧管理委員, 總務院 宗務員(部, 室, 局長), 本寺住 持, 特
　　　　別分擔寺刹의 住持 및 敎區宗會 議員의 職을 兼할 수 없다.
　　　　② 任命 또는 選出에 의하여 一時 兼職이 이루어지게 된 경우에는
　　　　從來의 職은 卽刻 辭職하여야 한다.

第36條 다음 事項은 中央宗會의 決議를 거쳐야 한다.
　　　　1. 宗憲 宗法 改正案, 宗法案
　　　　2. 敎育院長, 布敎院長, 護戒院長, 護戒委員, 法規委員, 中央選擧管
　　　　　理委員, 訴請審查委員 選出
　　　　3. 元老會議 議員 推薦
　　　　4. 豫算案, 決算書, 院有財産 處分案
　　　　5. 敎區劃定에 關한 事項
　　　　6. 懲戒의 赦免, 輕減, 復權에 對한 同意事項
　　　　7. 總務院長, 敎育院長, 布敎院長 不信任 決議. 다만, 在籍議員 3分
　　　　　의 2 以上의 贊成으로 한다.
　　　　8. 各級 宗務機關에 對한 監査
　　　　9. 護法部長 任命 同意
　　　　10. 中央宗會 議員 懲戒
　　　　11. 直營寺刹과 特別分擔寺刹 指定에 關한 事項
　　　　12. 宗務委員 解任 建議

13. 宗憲 宗法에 依해 中央宗會의 權限에 屬한 事項

14. 기타 重要하다고 認定하는 事項

第37條　中央宗會議員은 中央宗會에서 職務上 行한 發言과 表決에 關하여 中央宗會 밖에서 責任을 지지 아니한다.

第38條　① 中央宗會 會期中에 中央宗會議員에 대한 護法部의 調査와 護戒院의 懲戒 審査는 進行하지 못한다.

② 中央宗會議員의 懲戒는 中央宗會의 同意를 얻어야 한다.

第39條　① 中央宗會의 定期會는 每年 1會 11月中에 召集하며, 臨時會는 議長이 必要하다고 認定할 때, 總務院長이나 中央宗會 在籍議員 3分의 1 以上의 要求가 있을 때 議長이 召集한다.

② 定期會 會期는 15日, 臨時會 會期는 5日로 한다. 다만, 中央宗會의 議決을 거쳐 會期를 延長 또는 短縮할 수 있다.

第40條　中央宗會는 議長 1人과 副議長 2人을 選出하며, 任期는 2年으로 한다.

第41條　中央宗會는 宗憲 또는 宗法에 特別한 規定이 없는 限 在籍議員 過半數의 出席과 出席 議員 過半數의 贊成으로 議決한다. 可否同數인 때에는 否決된 것으로 본다.

第42條　中央宗會議員은 宗憲 宗法 改正案, 宗法案을 提出할 수 있다.

第43條 ① 中央宗會에서 議決된 宗法案은 總務院으로 移送되어 15日 以內에 總務院長이 公布한다. 다만, 總務院長이 그 期間內에 公布하지 아니한 境遇, 總務院長의 任期가 만료되었음에도 불구하고 總務院長이 選出되지 못한 境遇, 總務院長이 유고인 境遇, 總務院長이 기타 사유로 자격을 喪失한 境遇에는 中央宗會議長이 이를 公布한다. [불기 2543(1999). 10. 12 개정]

② 中央宗會에서 議決되어 元老會議에 移送된 議案은 接受된 날로부터 20日 以內에 審議 議決하여야 한다. 위 期間이 經過하면 그 議案은 確定된 것으로 본다.

③ 宗法은 特別한 規定이 없는 限 公布한 날로부터 20日을 經過함으로써 效力이 發生한다.

第44條 ① 中央宗會는 中央宗務機關의 豫算案을 審議 確定한다.

② 總務院, 敎育院, 布敎院은 會計年度마다 豫算案을 編成하여 會計年度 開始 60日 前까지 中央宗會에 提出하고 中央宗會는 會計年度 開始 30日 前까지 이를 審議 議決하여야 한다.

③ 새로운 會計年度가 開始될 때까지 豫算案이 議決되지 못한 때에는 宗務機關은 中央宗會에서 豫算案이 議決될 때까지 다음 目的을 위한 經費는 前年度 豫算에 準하여 執行할 수 있다.

1. 宗憲 宗法에 依하여 設置된 機關 또는 施設의 維持 運營

2. 宗法上 支出義務의 履行

3. 이미 豫算으로 承認된 事業의 繼續

④ 總務院, 敎育院, 布敎院은 次年度 中央宗會에 豫算執行의 結果를 報告하여야 한다.

第45條　總務院長이 宗團의 目的事業을 爲하여 宗團 財産과 財團法人 大韓佛教曹溪宗維持財團의 財産을 處分하고자 할 때에는 미리 中央宗會의 同意를 얻어야 한다. [불기 2548(2004). 3. 18 개정]

第46條　① 中央宗會는 中央宗務機關의 宗務 및 財政에 對한 報告를 要求할 수 있으며, 必要한 境遇 監査를 行할 수 있다.

② 宗務監査를 위한 委員會의 構成 및 監査節次 등에 關하여 必要한 事項은 宗法으로 정한다.

第47條　① 總務院長, 教育院長, 布教院長, 社會福祉院長 또는 宗務委員은 中央宗會나 그 委員會에 出席하여 宗務에 관한 사항을 報告하거나 意見을 陳述하고 質問에 應答할 수 있다.

② 中央宗會나 그 委員會의 要求가 있을 때에는 總務院長, 教育院長, 布教院長, 社會福祉院長 또는 宗務委員은 中央宗會에 出席하여 答辯하여야 한다.

第48條　① 中央宗會는 總務院長, 教育院長, 布教院長, 護戒院長, 護戒委員, 法規委員, 中央選擧管理委員, 訴請審査委員을 不信任할 수 있다. [불기 2553(2009). 3. 18 개정]

② 第1項의 不信任의 議決은 中央宗會 在籍議員 3分의 1 以上의 發議로 無記名 秘密投票에 依한 中央宗會 在籍議員 3分의 2 以上의 贊成으로 한다.

③ 不信任 決議는 解任으로 看做한다.

第49條 ① 中央宗會는 議員의 資格을 審査하여 議員을 懲戒할 수 있다.

② 議員을 除名하려면 中央宗會 在籍議員 3分의 1 以上의 發議와 3分의 2 以上의 贊成이 있어야 한다.

③ 第1項의 處分에 對하여는 護戒院이나 法規委員會에 提訴할 수 없다.

第50條 中央宗會 議員의 選擧方法(直選 및 間選), 議會의 組織, 議事의 進行 등, 其他 必要한 事項은 宗法으로 定한다.

第9章 總務院

• ### 第1節 總務院長

第51條 本宗의 中央宗務行政機關으로 서울特別市에 總務院을 둔다. 다만, 中央宗會의 決議에 따라 그 所在地를 變更할 수 있다.

第52條 ① 總務院에 總務院長, 總務部長, 企劃室長, 財務部長, 文化社會部長, 事業部長, 護法部長 各 1人을 둔다. 다만, 總務院長은 必要에 따라 部署를 中央宗會의 同意를 얻어 增設하거나 廢止할 수 있다.

② 總務院長은 總務院長 選擧人團이 選出하며 元老會議의 認准을 거쳐 就任한다.

③ 第2項의 總務院長 選擧人團은 中央宗會議員과 各 教區宗會에

서 選出한 10人의 選擧人(本寺住持 包含)으로 構成된다.

④ 總務院長은 財團法人 大韓佛敎曹溪宗維持財團 理事長, 中央僧
伽大學 理事長, 佛敎社會福祉院 理事長, 其他 國家 法令에 의한
當然職을 除外하고는 一切 公職을 兼職할 수 없다. [불기
2548(2004). 3. 18 개정]

⑤ 各 部署의 部長 및 室長은 總務院長이 任免한다. 다만, 護法部長
은 中央宗會의 任命 同意를 거쳐 總務院長이 任命한다.

⑥ 總務院長의 選擧에 關하여 必要한 事項은 宗法으로 定한다.

第53條 ① 總務院長의 資格은 僧臘 30年 年齡 50歲 法階 宗師級 以上의 比
丘로 한다.

② 總務院長의 任期는 4年으로 하며, 1次에 限하여 重任할 수 있다.

第54條 ① 總務院長은 本宗을 代表하고 宗務行政을 統理한다.

② 總務院長은 中央宗會에 宗憲 宗法 改正案, 宗法案을 提出할 수
있다.

③ 總務院長은 宗法에서 委任받은 事項과 宗法을 執行하기 위하여
必要한 事項에 關하여 宗令을 發할 수 있다.

④ 總務院長은 宗憲 宗法이 定하는 바에 따라 總務院 任職員과 各
寺刹의 住持를 任免한다.

⑤ 總務院長은 宗憲 宗法이 定하는 바에 따라 宗團과 寺刹에 屬한
財産을 監督하며, 그 處分에 있어서 承認權을 가진다.

⑥ 寺刹이 財産을 處分하고자 할 境遇에는 總務院長은 妥當性 與
否에 對한 監査機關의 事前 調査를 거쳐 承認하여야 한다.

⑦ 總務院長은 宗憲 宗法이 定하는 바에 따라 特別分擔寺刹과 直營寺刹 等 重要寺刹의 豫算承認權 및 豫算調整權을 가진다.

⑧ 總務院長은 宗憲 宗法이 定하는 바에 따라 教育, 布教, 譯經, 福祉, 文化事業을 施行하기 위하여 中央宗會의 議決을 거쳐 特別分擔寺刹 및 直營寺刹을 指定할 수 있다. 直營寺刹의 住持는 宗憲第99條의 規定에도 不拘하고 任期年限을 두지 아니한다. 直營寺刹과 特別分擔寺刹의 指定 및 運營에 관한 事項은 宗法으로 定한다.

⑨ 總務院長은 懲戒의 赦免, 輕減, 復權 및 宗法이 定하는 바에 따른 褒賞을 宗正에게 稟申할 수 있다.

• 第2節　宗務會議

第55條　① 宗務會議는 總務院의 權限에 屬하는 重要한 宗策을 審議 議決한다.

② 宗務會議는 總務院長, 總務院 各 部長, 室長으로 構成한다. 다만, 教育院 및 布教院의 部長은 宗務會議에 參與하여 意見을 開陳할 수 있다.

③ 總務院長은 宗務會議의 議長이 된다.

第56條　① 다음 事項은 宗務會議의 審議 또는 議決을 거쳐야 한다.

1. 宗憲 宗法 改正案, 宗法案, 宗令案

2. 豫算案, 決算書

3. 宗務行政의 基本 計劃과 總務院 傘下 各 部署의 業務計劃

4. 宗團財産處分에 關한 事項

5. 寺刹의 豫算 및 起債承認에 關한 事項

6. 特別分擔寺刹, 直營寺刹 등 重要寺刹의 豫算調整에 關한 事項

7. 特別分擔寺刹, 直營寺刹의 指定에 關한 事項

8. 總務院 傘下 各 部署의 長 및 寺刹 住持의 任命에 關한 事項

9. 教區 劃定에 關한 事項

10. 懲戒의 赦免, 輕減, 複權 및 褒賞에 關한 事項

11. 其他 重要 宗策에 關한 事項

② 教育 및 布教에 關聯한 宗令을 審議할 때는 教育院 및 布教院의
部長 1人을 參席시켜 意見을 들어야 한다.

• 第3節   各 部署

第57條   各 部, 室의 設置, 組織과 職務範圍 및 部署長의 資格要件은 宗法으
로 定한다.

第10章   教育院

• 第1節   教育院長

第58條   本宗의 教育 業務를 管掌하기 위하여 教育院을 둔다.

第59條   ① 教育院長의 資格은 僧臘 30年, 年齡 50歲, 法階 宗師級 以上의

學德을 兼備한 比丘로 한다.

②教育院長은 總務院長의 推薦으로 中央宗會에서 選出한다.

③教育院長의 任期는 5年으로 하며, 1次에 限하여 重任할 수 있다.

第60條 ①教育院長은 教育에 關한 宗法案을 中央宗會에 提出할 수 있다.

②教育院長은 宗憲과 宗法이 定하는 바에 따라 教育院의 宗務員
을 任免한다.

③教育院長은 教育院 傘下의 各級 教育機關에 대한 指揮 監督權
을 가진다.

④教育院長은 總務院과 協議하여 教育院의 豫算을 編成하여 中央
宗會에 提出하며, 策定된 豫算을 執行할 權限을 가진다.

⑤教育院長은 褒賞을 宗正에게 稟申할 수 있다.

• 第2節 教育院 會議

第61條 ①教育院 會議는 教育院의 業務에 屬하는 重要한 事項을 審議 議
決한다.

②教育院 會議는 教育院長, 教育院 傘下의 各 部長, 教育院 傘下
各 委員會의 委員長, 研究所長으로 構成하며, 教育院長은 教育
院 會議의 議長이 된다.

第62條 다음 事項은 教育院 會議의 審議 또는 議決을 거쳐야 한다.

1. 教育에 關한 宗法案

2. 教育院 豫算案, 決算書

3. 教育 計劃과 教育院 傘下 各 部署, 教育機關, 委員會의 業務計劃

4. 褒賞에 關한 事項

5. 宗團 獎學生 選拔 等에 關한 事項

6. 教育院 規則 制定 및 改廢에 關한 事項

7. 總務院 宗務會議에 附議할 宗令案

8. 各 委員會와 研究所에서 附議한 事項

9. 其他 重要 事項

• 第3節   各 部署 및 教育機關

第63條   教育院의 組織, 職務範圍 其他 必要한 事項은 宗法으로 定한다.

第64條   本宗은 徒弟 養成을 위해 教育院 管轄下에 다음과 같이 常設 教育
機關을 設置한다.

1. 行者教育院(基礎教育機關)

2. 僧伽大學(基本教育機關)

3. 學林, 僧伽大學院, 律院, 禪學研修院(專門教育機關)

4. 中央研修院(再教育機關)

5. 特殊學校

第65條   ① 教育院은 教育委員會 其他 各種 委員會를 둘 수 있다.

② 教育院은 禪學, 律學, 教學을 研究하기 위하여 研究所를 둘 수
있다.

③ 各種 委員會와 研究所의 設置와 運營에 關한 事項은 宗法 및 宗
令으로 定한다.

第11章　布敎院

• 第1節　布敎院長

第66條　宗團은 布敎 業務를 擔當하기 위하여 布敎院을 둔다.

第67條　① 布敎院長은 總務院長의 推薦으로 中央宗會에서 選出한다.

　　　　② 布敎院長의 資格은 僧臘 30年, 年齡 50歲, 法階 宗師級 以上의 學德을 兼備한 比丘로 한다.

　　　　③ 布敎院長의 任期는 5年으로 하며, 1次에 限하여 重任할 수 있다.

第68條　① 布敎院長은 布敎에 關한 宗法案을 中央宗會에 提出할 수 있다.

　　　　② 布敎院長은 宗憲 및 宗法이 定하는 바에 따라 布敎院의 宗務員을 任免한다.

　　　　③ 布敎院長은 總務院과 協議하여 布敎院의 豫算을 編成하여 中央宗會에 提出하며, 策定된 豫算을 執行할 權限을 가진다.

　　　　④ 布敎院長은 褒賞을 宗正에게 稟申할 수 있다.

• 第2節　布敎院 會議

第69條　① 布敎院 會議는 布敎院의 業務에 屬하는 重要한 事項을 審議 議決한다.

　　　　② 布敎院 會議는 布敎院長, 布敎院 傘下의 各 部長, 布敎院 傘下 各 委員會의 委員長, 硏究室長으로 構成하며, 布敎院長은 布敎

院 會議의 議長이 된다.

第70條 다음 事項은 布教院 會議의 審議 또는 議決을 거쳐야 한다.

    1. 布教에 關한 宗法案

    2. 布教院 豫算案, 決算書

    3. 布教 計劃과 布教院 傘下 各 部署, 委員會의 業務 計劃

    4. 褒賞에 關한 事項

    5. 布教院 規則 制定 및 改廢에 關한 事項

    6. 布教師 養成, 任命 및 配置에 關한 事項

    7. 總務院 宗務會議에 附議할 布教 關聯 宗令案

    8. 各 委員會와 研究室에서 附議한 事項

    9. 其他 重要 事項

• 第3節　各 部署

第71條 ① 布教院은 各種 委員會를 둘 수 있다.

    ② 布教院은 布教 方案 研究 및 企劃을 위해 布教研究室 및 其他 研究所를 둘 수 있다.

    ③ 布教院은 布教師 養成과 再教育을 위한 專門 教育機關을 設置한다.

    ④ 委員會와 研究所, 布教師 教育機關의 設置와 運營에 關한 事項은 宗法 및 宗令으로 정한다.

第72條 布教院의 組織, 職務範圍, 其他 必要한 事項은 宗法으로 定한다.

第12章 護戒院

第73條 ① 宗團의 司法 機關으로 護戒院을 둔다.

② 護戒院은 護戒委員 7人으로 構成되는 初審護戒院과 護戒院長을 包含하는 護戒委員 9人으로 構成되는 再審護戒院으로 組織된다.

③ 護戒委員의 資格은 僧臘 25年, 年齡 45歲, 法階 3級 以上의 律藏과 淸規 및 法理에 밝은 比丘로 한다.

④ 護戒委員은 中央宗會에서 選出한다.

第74條 ① 護戒院長은 再審護戒院長이 되며, 中央宗會에서 選出한다.

② 護戒院長의 資格은 僧臘 30年, 年齡 50歲, 法階 宗師級 以上의 比丘로 한다.

③ 初審護戒院長은 初審護戒委員들이 互選한다.

④ 初審 및 再審護戒院長의 任期는 4年으로 한다.

⑤ 護戒委員의 任期는 4年으로 한다.

第75條 護戒院은 다음 事項을 管掌한다.

　1. 初審護戒院

　　가. 護法部에서 提訴한 懲戒에 關한 事項

　　나. 宗務行政機關의 不當한 處分에 不服하여 僧侶 및 寺刹이 提訴한 事項

　　다. 其他 法令에 依하여 初審護戒院의 審判에 屬한 事項

　2. 再審護戒院

　　가. 初審護戒院의 審判에 不服하여 上訴한 事項

나. 中央宗會의 議決에 依하여 護戒院에 附議한 事項

다. 其他 法令에 依하여 護戒院의 審判에 屬한 事項

第76條　宗法이 宗憲에 違背되는 與否가 審判의 前提가 된 境遇에는 護戒院은 法規委員會에 提請하여 그 決定에 依하여 審判한다.

第77條　護戒院의 審理와 判決 節次는 公開하지 아니한다. 다만, 護戒院은 必要하다고 認定할 때 公開할 수 있다.

第78條　被提訴人은 宗法이 定하는 바에 따라 辯護받을 權利를 가진다.

第79條　護戒院의 運營에 關한 細部 事項은 宗法으로 定한다.

第13章　法規委員會

第80條　① 法規委員會는 다음 事項을 管掌한다.

　　1. 宗法의 宗憲違背與否 審判

　　2. 宗令, 規則과 行政處分의 宗憲 宗法 違背與否 審判

　　3. 中央宗務機關間, 中央宗務機關과 地方宗務機關間, 地方宗務機關間의 權限爭議에 關한 審判

　② 法規委員會 委員은 9人으로 하며, 中央宗會에서 選出한다.

　③ 委員長은 互選한다.

　④ 法規委員의 資格은 僧臘 25年, 年齡 45歲 法階 大德 以上의 法理

에 밝은 比丘로 한다.

⑤法規委員의 任期는 4年으로 한다.

第81條 ①法規委員會에서 宗法의 違憲決定을 할 때는 委員 6人 以上의 贊成이 있어야 한다.

②法規委員會의 組織과 運營 其他 必要한 事項은 宗法으로 定한다.

第14章 選擧管理

第82條 ①各種 選擧를 公正히 管理하기 위하여 中央 및 敎區 選擧管理委員會를 둔다.

②中央選擧管理委員會는 9人으로 하며, 中央宗會에서 選出한다.

③敎區選擧管理委員會는 5人으로 하며, 敎區宗會에서 選出한다.

④中央 및 敎區 選擧管理委員會의 委員長은 委員中에서 互選한다.

⑤委員의 任期는 5年으로 한다.

⑥各級 選擧管理委員會의 組織, 職務範圍 其他 必要한 事項은 宗法으로 정한다.

第15章 委員會

第83條 ①本宗에는 訴請審査委員會 等 各種 委員會를 둘 수 있다.

② 護戒委員, 法規委員, 中央選擧管理委員, 訴請審査委員은 相互 兼職할 수 없다.

③ 各 委員會의 組織과 運營 其他 必要한 事項은 宗法으로 定한다.

第16章 本寺住持會議

第84條　① 總務院과 地方 敎區間의 緊密한 宗務 協議를 위하여 本寺 住持會議를 둔다.

② 本寺住持會議의 構成 및 運營에 관한 事項은 宗法으로 定한다.

第17章 敎區

• 第1節 敎區宗會

第85條　① 敎區에 敎區宗會를 둔다.

② 敎區宗會는 本末寺 住持와 本寺 副住持 및 各 局長과 直選으로 選出한 10人의 議員으로 구성한다. 다만, 中央宗會 議員으로 選出된 者는 除外한다.

③ 議長은 本寺住持로 하고, 副議長은 敎區宗會에서 選出한다.

第86條　敎區宗會는 다음 事項을 審議 議決한다.

1. 總務院長 選擧人 選出

2. 中央宗會에 建議할 宗法 制定 및 改正에 關한 事項

3. 中央宗會에 建議할 事項

4. 教區規則의 制定 및 改廢에 關한 事項

5. 教區의 豫決算에 關한 事項

6. 教區內 重要한 佛事, 教育, 布教, 修行, 社會, 福祉에 關한 事項

7. 本寺住持가 附議한 事項

8. 其他 重要하다고 認定하는 事項

第87條　① 教區宗會의 定期會는 每分期別 1回 議長이 召集한다.

② 臨時會는 議長이 必要하다고 認定하거나 議員 3分의 1 以上의 要求가 있을 때 議長이 召集한다.

第88條　教區宗會의 構成, 權限, 議事處決 其他 必要한 事項은 宗法으로 정한다.

•第2節　本寺

第89條　① 總務院 傘下에 本寺를 둔다.

② 本寺는 總務院의 指揮命令을 받아 當該 教區의 宗務를 掌理하며 그 管轄下에 있는 寺刹을 指揮 監督한다.

③ 本寺의 管轄教區는 中央宗會의 議決을 거쳐 總務院長이 定한다.

第90條　① 本寺에는 住持 1人과 總務局長, 企劃局長, 教務局長, 財務局長, 社會局長, 布教局長, 護法局長 各 1人을 둔다.

② 本寺에는 常任布教師 1人 以上을 둔다.

第91條　① 本寺住持는 當該 管內宗務를 統理하며 敎區를 代表한다.

　　　　② 本寺住持는 敎區(本寺)의 山中總會에서 推薦하며 總務院長은 宗法에서 定하는 缺格事由가 없는 限 遲滯없이 任命한다.

　　　　③ 第2項의 山中總會에 關한 事項은 宗法으로 定한다.

第92條　① 本寺住持의 任期는 4年으로 한다. 다만, 在職中 解任 以上의 懲戒 處分을 받을 때는 例外로 한다.

　　　　② 第1項의 理由로 本寺住持가 解任되었을 때 該當 敎區(本寺)의 山中總會는 1個月 以內에 新任 住持를 推薦하여야 한다. 다만 期日內에 推薦하지 못할 때는 總務院長이 住持職務代理를 任命할 수 있다.

第93條　① 本寺住持는 末寺住持의 任免을 該當 末寺住持 任期 滿了 2個月 前에 總務院長에게 稟申하며 總務院長은 末寺住持 任期 滿了日 前에 이를 任免하여야 한다. 다만, 宗憲 宗法에서 定하는 缺格事由가 있으면 그 事由를 稟申 接受日로부터 15日 以內에 通知하여야 하며, 通知를 받은 本寺住持는 再稟申하여야 한다.

　　　　② 第1項 但書의 缺格事由가 없으면 總務院長은 稟申 內容에 따라 遲滯없이 任免하여야 한다.

　　　　③ 末寺 住持는 宗法에서 定하는 僧伽考試에 合格하지 아니하고는 任命될 수 없다.

第93條의 2 ① 總務院長은 中央宗會의 同意를 얻어 宗團의 特別한 目的 事業과 效率的인 運營을 爲하여 特別敎區를 둘 수 있다.

② 第1項에 關한 細部事項은 宗法으로 定한다.

[불기 2548(2004). 3. 18 신설]

第18章 寺刹

第94條 ① 韓國內에 있는 寺刹은 別册과 같다.

② 本宗은 寺刹 및 布敎所를 創設할 수 있다.

③ 國外에 弘法院을 두고 그 管下에 寺刹 및 布敎所를 設置할 수 있다.

④ 私設寺庵의 創建主가 그 寺庵(財産)을 宗團에 登錄했을 때는 그 創建主의 財産管理權을 保障하며, 그 寺庵 住持職의 師資相承 함을 認定한다.

第95條 寺刹 및 布敎所는 修道, 傳法, 布敎, 會議, 集會, 法式 執行 및 僧侶 居住의 目的 以外에는 使用할 수 없다.

第96條 寺刹 境內는 다음과 같이 設定한다.

1. 法堂을 基点으로 한 半徑 5千 미터 以內

2. 布敎所 境內는 所有 基地內

第97條 寺刹의 境內에는 個人의 住居 建物이나 또는第95條의 目的 以外의

建物을 築造할 수 없다.

第98條 ① 寺刹에는 住持를 둔다. 다만, 必要에 따라 副住持를 둘 수 있다.
② 住持는 當該 寺刹 財産을 管理하고 修道, 傳法, 布教 및 法式을 掌理하며 그 寺刹을 代表한다.

第99條 住持는 懲戒에 依하지 아니하고는 任期中 解任되지 아니한다.

第100條 住持의 資格要件, 推薦 및 缺職中의 職務代行에 關한 事項은 宗法으로 定한다.

第101條 ① 各 寺刹에는 運營委員會를 둔다.
② 運營委員會의 組織과 運營에 關한 事項은 宗法으로 定한다.

第19章 修行

• ## 第1節 叢林

第102條 本宗은 綜合 修行道場으로 叢林을 둘 수 있다.

第103條 ① 叢林은 禪院, 講院(僧伽大學), 律院 및 念佛院을 둔다.
② 叢林은 總務院長의 提請으로 中央宗會에서 指定한다.

第104條　方丈은 叢林을 代表하며 그 指導監督權을 갖는다.

第105條　① 方丈은 山中總會의 推薦으로 中央宗會에서 推戴한다.

　　　　　② 方丈은 禪, 敎, 律을 兼備한 僧臘 40年 以上의 本分宗師라야 한다.

　　　　　③ 方丈의 任期는 10年으로 하며 連任할 수 있다.

第106條　① 叢林의 住持는 第91條, 第92條의 規定을 適用하지 아니하고 方丈의 推薦으로 總務院長이 任命한다. 總務院長은 宗法에서 定하는 缺格事由가 없는 限 卽時 任命하여야 한다.

　　　　　② 叢林의 職制, 運營 其他 必要한 事項은 宗法으로 定한다.

• 第2節　禪院

第107條　① 本宗의 宗旨를 具現하기 爲한 參禪修行道場으로 禪院을 둔다.

　　　　　② 禪院은 基本禪院과 專門禪院(一般禪院, 叢林禪院 및 特別禪院)으로 區分한다. [불기 2548(2004). 3. 18 개정]

第108條　① 基本禪院 履修者는 宗團 基本敎育 履修者와 同等한 資格을 갖는다.

　　　　　② 專門禪院에 入房할 수 있는 者는 基本禪院 履修者와 宗團 基本敎育課程을 履修한 者에 限한다. [불기 2548(2004). 3. 18 개정]

第109條　基本禪院과 專門禪院에 關한 細部事項은 宗法으로 定한다. [불기 2548(2004). 3. 18 개정]

・第3節　其他 修行機關

第110條　本宗은 修行機關으로 念佛院과 懺悔院 및 其他 修行機關을 둘 수
　　　　있다.

第111條　念佛院과 懺悔院 其他 修行機關에 對한 細部事項은 宗法으로 定
　　　　한다.

第20章　信徒會 및 信徒團體

第112條　① 寺刹에는 當該 寺刹의 信徒會, 敎區에는 敎區 信徒會를 둔다.
　　　　② 中央에는 總務院長 管轄下에 中央信徒會를 構成한다.
　　　　③ 信徒는 宗法이 定하는 바에 따라 信徒團體를 構成하여 寺刹,
　　　　敎區, 宗團에 團體 登錄을 할 수 있다.

第113條　信徒會와 各種 信徒團體의 構成과 運營, 信徒團體의 登錄, 其他
　　　　事項은 이를 宗法으로 定한다.

第21章　文化, 福祉 및 社會 活動

第114條　本宗은 社會文化 向上에 寄與하기 爲하여 各級 學校, 學院, 어린
　　　　이집, 幼稚園, 出版, 新聞, 放送 媒體, 映像 事業機關 및 文化藝術

振興機關을 設立 運營한다.

第115條 ① 本宗은 社會的으로 不遇한 位置에 있는 兒童, 老人, 婦女, 心身
障碍人 等 要保護 階層을 對象으로 醫療事業, 養老院, 療養院,
其他 各種 社會奉仕와 社會福祉 事業을 展開하고 이를 爲한 社
會福祉機關과 團體를 構成한다.

② 本宗은 社會的으로 劣惡한 位置에 있는 要保護 對象者들을 收
容할 수 있는 社會福祉施設을 維持 經營한다.

③ 本宗은 公園墓地, 納骨堂, 納骨墓地, 葬禮式場 等의 事業을 한
다.

④ 本宗은 社會 發展을 爲하여 人權擁護, 環境, 統一, 女性問題, 人
間疎外 克服 等 社會 公益 事業에 必要한 機關과 團體를 構成
한다.

第116條 本宗은 僧侶의 老後生活 保障과 健康 維持를 爲해 僧侶老後福祉
院을 設置한다.

第117條 ① 社會福祉事業을 遂行하기 爲하여 佛敎社會福祉院을 둔다.

② 佛敎社會福祉院은 法人으로 設立하며, 總務院長은 當然職 理
事長이 된다.

第118條 이 章에 定한 各種 機關과 團體의 組織, 運營 其他 必要한 事項은
宗法으로 定한다.

第22章 財政 및 會計

第119條 寺刹 및 宗團機關에 屬한 財産은 三寶 護持 其他 宗憲에 明示된 目的 以外의 用途로 使用하지 못한다.

第120條 ① 第119條의 財産은 總務院長의 承認을 받지 않고는 賣却, 寄附, 擔保提供, 貸與, 認諾 其他 處分을 할 수 없다.

② 當該年度 豫算의 範圍內에서 辨濟할 수 없는 長期債務는 總務院長의 起債 承認을 받아야 한다.

③ 承認을 얻지 아니하고 第1項 및 第2項의 行爲를 한 때는 이를 無效로 하며, 行爲者는 懲戒에 回附한다.

第121條 ① 總務院의 收入은 一般 및 特別分擔金, 敎務金, 事業收益, 其他 收入에 依한다.

② 모든 寺刹, 僧侶 및 信徒는 宗憲 宗法이 定하는 바에 따라 宗費를 納付할 義務를 진다.

③ 分擔金과 敎務金의 種類와 策定 基準 其他 財政에 關한 事項은 宗法으로 定한다.

第122條 ① 各級 宗務機關의 會計年度는 政府의 會計年度에 依遵한다.

② 總務院, 敎育院, 布敎院은 歲入 歲出에 關하여 中央宗會의 決算檢査를 받아야 한다.

第123條 敎育 및 布敎 豫算은 優先的으로 編成하고 執行한다.

第124條　財政은 公開를 原則으로 하되 그 施行에 關한 事項은 宗法으로 定한다.

第23章　褒賞 및 懲戒

第125條　① 褒賞과 懲戒의 赦免, 輕減, 復權은 宗法이 定하는 바에 따라 宗正이 行한다.

② 懲戒는 宗法이 定하는 바에 따라 護戒院長이 行한다.

第126條　褒賞의 種類는 다음과 같다.

1. 文書 表彰

2. 賞品 授與

3. 法階 昇敍

第127條　懲戒의 種類는 다음과 같다.

1. 滅擯 : 給付한 僧侶證을 剝奪하고 僧籍을 抹消하여 절 밖으로 擯斥한다(褫奪度牒).

2. 除籍

3. 降級 法階

4. 公權 停止

5. 免職

6. 文書 譴責

第128條　懲戒를 받은 者로서 非行을 懺悔하고 特히 善行 또는 功勞가 있는

者에 對하여는 執行中이라도 懲戒를 赦免, 輕減 또는 復權시킬 수 있다. 다만, 滅擯의 懲戒를 받은 者는 除外한다.

第129條 褒賞, 懲戒의 節次, 善行 또는 非行의 種目, 其他 賞罰에 必要한 事項은 宗法으로 定한다.

第24章 宗憲 改正

第130條 ① 宗憲 改正案 提案은 總務院長 또는 中央宗會議員 在籍 3分의 1 以上의 發議로 한다.

② 發議된 宗憲 改正案은 中央宗會 在籍議員 3分의 2 以上의 贊成으로 議決한다.

③ 第2項의 議決은 無記名 秘密投票로 한다.

④ 第2項의 改正案은 元老會議 在籍 過半數의 贊成 決意로 確定한다.

⑤ 確定된 宗憲 改正案은 宗會 議長이 公布한다. 다만 宗會 議長 有故時에는 元老會議 議長이 이를 公布한다.

第131條 總務院長의 任期延長 또는 重任變更을 爲한 宗憲 改正은 그 宗憲 改正 當時의 總務院長에 對하여는 改正의 效力이 미치지 아니한다.

附則

第132條　이 宗憲은 公布日로부터 施行한다.

第133條　이 宗憲은 大韓佛教曹溪宗 改革會議가 改革會議法에 依하여 構成한 改革會議에서 改正하고 改革會議 議長이 公布한다.

第134條　① 이 宗憲 施行時에 在職中인 宗正, 元老會議 議員, 傳戒大和尙, 宗務職員, 住持, 布教師 및 其他 職員은 이 宗憲에 依하여 選擧 또는 任命된 것으로 한다.

② 이 宗憲 施行時에 在職中인 改革會議 및 總務院의 宗務職員은 이 宗憲에 依하여 選擧 또는 任命된 者가 그 職務를 承繼할 때까지 繼續執務한다.

③ 改革會議 任職員이 職務 引繼 引受 以前에 兼職될 境遇, 그 期間 동안에는 宗憲第35條를 適用하지 아니한다.

第135條　이 宗憲 施行時에 僧侶 및 教徒가 가지고 있는 다음의 權利와 懲戒를 받은 事項은 이 宗憲 施行 後에도 그 效力이 있다.

1. 宗務職員 또는 布教師의 資格
2. 僧侶의 得度, 入籍, 修學, 安居, 受戒 및 法階 等의 分限 享有
3. 僧侶 및 信徒가 받은 褒賞의 效力
4. 僧侶 및 信徒가 宣戒에 依하여 받은 懲戒의 效力

第136條　改革會議가 行한 모든 宗務行爲는 이 宗憲에 의해 行한 것으로 한다.

第137條 이 宗憲에 의해 새로 構成된 中央宗會에서 改革會議法 廢止를 決意하기 以前에는 이 宗憲과 相馳되는 部分에 대하여 改革會議法이 優先한다.

第138條 佛紀 2506(1962)年 3月 22日 制定하여 同月 25日 公布 施行한 宗憲에서 發生한 效力은 이 宗憲과 相衝되지 않는 範圍 내에서 이 宗憲 施行 以後에도 消滅되지 아니하고 繼續하여 效力이 存續한다.

第139條 改革會議 期間中에 이루어지는 本末寺 住持의 任命은 이 宗憲第91條, 第92條, 第93條의 規定에도 不拘하고, 總務院長이 任命한다.

附則(補則)

第140條 이 宗憲은 從來 施行해오던 大韓佛教曹溪宗 宗正 河東山側 宗憲 宗法과 大韓佛教曹溪宗 宗正 鞠聲佑側 宗憲 宗法을 一切 無效化하고, 佛紀 2506(1962)年 兩側의 合意에 依해 設置된 佛教 再建 非常宗會에서 制定 公布한 宗憲을 承繼한 것이다.

附則 [불기2543(1999).10.12 개정]

第1條 이 宗憲은 公布한 卽時 그 效力이 發生한다.

附則 [불기2548(2004). 3.18 개정]

第1條 이 宗憲은 公布한 날부터 시행한다.

附則 [불기2552(2008). 3.20 개정]

第1條 이 종헌은 공포일부터 시행한다.

附則 [불기2553(2009). 3.18 개정]

第1條 이 宗憲은 公布한 날부터 施行한다.

第2條 ① 이 宗憲 施行日 以前에 軍僧으로서 婚姻을 한 者는 宗憲 第9條 第2項의 削除에도 불구하고 軍僧의 資格을 維持한다.

② 總務院은 第1項에 該當하는 者에 대하여는 軍僧 任務의 終了와 同時에 이미 稟受한 法階와 資格 等을 再審하여 이를 再稟受 또는 沒收하여야 한다.

조계종법의 이해

1판 1쇄 펴냄 2011년 10월 24일

편찬 대한불교조계종 교육원 불학연구소
집필 원묵 스님 연구 진행 원영 스님

발행인 이자승 편집인 김용환 총괄 문종남
편집 김선경 박선주 김진한 책임편집 김선경 디자인 김정미
제작 윤찬목 마케팅 문성빈 관리 김미경

펴낸곳 (주)조계종출판사
출판등록 제 300-2007-78호(2007. 4. 27)
주소 서울시 종로구 견지동 13번지 대한불교조계종 전법회관 7층
전화 02-733-6390 팩스 02-720-6019
홈페이지 www.jogyebook.com
구입문의 불교전문서점 02-2031-2070

ISBN : 978-89-93629-67-5 93220
값 12,000원

※(주)조계종출판사의 수익금은 포교·교육 기금으로 활용됩니다.

이 도서의 국립중앙도서관 출판시 도서목록(CIP)은
e-CIP홈페이지(http://www.nl.go.kr/ecip)에서 이용하실 수 있습니다.
(CIP제어번호 : 2011004398)